타로카드 키워드 바이블

개정판
Tarot Card Keyword Bible

Tarot Card Keyword Bible

신영호 지음

공감북스

머리말

본서는 본인이 78장 유니버설 웨이트 타로카드를 사용해서 상담하고 강의하고 연구하면서 얻은 핵심 키워드들을 중심으로 망라한 책이다. 많은 노력과 공들인 정성을 통해서 알게 된 상징들의 비의(秘意)까지도 두루 수록해 놓았기 때문에 인류와 우주의 비밀을 어렴풋이라도 이해할 수 있도록 하였다. 물론 개인의 인생과 운명에 대한 비밀을 푸는데 큰 도움이 되도록 하였다.

본서가 나오기까지 본인의 강좌를 수강해 주신 모든 수강생 여러분들께 감사드린다. 또한 본인에게 상담 받으신 많은 분들께도 감사드린다. 특히 김 웅수 공감북스 출판사 사장님께 깊은 감사를 드린다. 그리고 부족한 본인을 위해 헌신해 주신 부모님께 감사드린다. 끝으로 본서를 읽는 모든 독자제현님들의 가내(家內)에 행복과 건강이 늘 함께하기를 기원한다.

삼각산 기슭에서 신영호 배상

목차

1. 메이저 아르카나 키워드

0. 바보

• 붉은 깃털: 바람이 불고 있으며 자유로 움과 다른 세계로 여행할 수 있는 능력 과 열정을 암시한다. 타로의 고전에 의 하면 이 주인공 바보는 이계(異界)에서 온 왕자라고 한다.

• 월계수 모양의 모자: 성공을 그리고 그가 귀공자임을 암시한다.

• 흰 장미: 바보의 깨끗한 이미지를 읽을 수 있다. 장미라는 것은 자기를 나타내는 즉 숙명이 도달해야할 충만함을 나타내는 상징이다. 그리고 흰 장미는 '존경' 과 '즐거움' 을 상징한다. 바보는 인류를 존경하고 인류에게 즐거움을 선사한다는 비의적(秘意的) 의미를 지니고 있다. 또한 바보는 백장미를 통해서 순수하고 욕망과 열정으로부터 자유로운 사람이라는 것을 의미한다.

• 흰개: 친구이자 참모이자 조언자이자 충성스러운 부하이자 카운셀러이며 조언자이다. 순수 본능, 순수 욕구

• 절벽: 정신적 위기 또는 미지의 세계와 물질적 위험을 암시한다. 도약, 자기계발, 돌발 상황, 현실로 들어감, 현실로 추락, 세속으로 들어감

• 하얗게 빛나는 태양: 신의 은총이며 절반이 가려져 있는

것은 나머지 보이지 않는 은총도 있다는 것을 암시한다. 신(God)이 보이지 않는 곳에서 바보가 모험을 하고 여행을 하는 것을 돕는다.

- 흰산: 신비로운 긴 여행, 바보가 헤쳐 나가야 할 험난한 세파와 도달, 달성을 뜻하며, 정신적 세계를 암시하기도 한다.
- 춤 혹은 춤을 추는 듯 한 모습: 환희, 기쁨과 충만 그리고 지복(至福)을 암시한다.
- 장화: 자유를 상징하며
- 봇짐: 최소한의 생활과 시작할 준비가 되어있음을 암시한다.
- 바보의 화려한 옷: 12개의 별자리를 표시해 놓았으며 운명을 믿고 순응함을 암시한다. 또한 자신의 멋과 화려함을 보여주는데 있어서 자기 표현력이 뛰어난 사람이다.
- 갈색 옷날개 :물질적 욕망으로부터의 자유, 날아라, 벗어나라. 자유희구.

① 정방향

- 홀가분한, 가벼운 마음
- 초심자(初心者), 인생여정의 시작, 미성숙, 훈련부족, 과도한 자기확신, 자만심, 모험의 시작, 새로운 사건,
- 미리 생각하거나 계획없이 충동적으로 행동, 즉흥성
- 열광, 방랑벽, 마음대로 돌아다님, 자유로운 공상
- 올바른 선택
- 기존 개념에 사로잡히지 않는다, 정의되지 않은 가능성, 근심거리가 없는, 새로운 경험을 적극적으로 수용하는, 자신감
- 자유연애, 사랑의 사냥꾼, 애정편력, 형식에 사로잡히지 않는 자유

연애, 여러 여자들을 지나침

- 자유를 갈구하고 모험을 좋아하는 사람
- 자발성, 뭔가 예기치 않거나 계획하지 않은 일의 발생
- 기괴함, 호기심, 언제나 신기한 꿈을 추구한다.
- 물질에 중요성을 두지 않음, 이상적인
- 어떤 보안도 필요 없음, 걱정과 두려움이 없는, 안전감, 낙관주의
- 중요한 세부사항을 빼먹음
- 예술가 기질
- 남다른
- 인생의 새로운 국면으로의 전환
- 자제력 부족
- 순진무구, 아이와 같은 열정, 순수
- 어리석음, 경박, 실수, 자신이 선택한 것이 다른 사람에게는 어리석거나 사려깊지 못한 생각으로 보일 수 있다.
- 여행과 유랑 생활
- 믿음을 지닌
- 흐름을 따라 움직여라.
- 미지의 영역으로 믿음과 희망을 갖고 주의하면서 움직여라.
- 새로운 환경에 들어서게 되니 주의하라.
- 몽상가, 신비주의자, 구도자, 위대한 목표를 성취하고자 하는 욕망을 가지고 있다. 올바른 선택을 하기 위해서 주의를 기울여야 한다. 무지가 기쁨일 때 바보스러움이 현명함임을 안다면 그는 참된 바보이다.
- 원하는 바를 하는,
- 자유로운 마음의,
- 현재 상황에서 떨쳐 버리고자 하는 마음,
- 떠나고 싶어 하는 마음,
- 떠나려고 하는,

- 너는 너, 나는 나, 개인주의적인,
- 항상 새로운 마음으로, 처음마음으로, 처음처럼
- 솔로의, (남자가 주로) 자유연애(여자의 경우는 별카드),
- 세일즈맨
- 백장미는 남들이 모르는 자신만의 비기(秘技)
- 노숙자(마이너 카드의 경우 Five of Pentacles)
- 참모를 두어 일을 분담한다.
- 철부지 사랑, 풋내기 사랑, 출발, 가출
- 흰 개는 자신을 도와주었을 때 후회하지 않는 친구나 지인
- 남의 말에 귀를 기울여라.
- 천방지축
- (물상법적으로) 산책, 나들이
- 앞날이 어떻게 될지 모르다
- 속기 쉬운
- 하늘에서 상담사나 질문자가 바보짓을 하는 것은 아닌지 생각해 보라는 뜻에서 종종 나옴
- 자기고집을 부리는, 자신감이 지나칠 수 있다. (준비를 하고 움직여라, 방황하지 말 것, 질문자가 바보짓을 하는가 살펴볼 것, 새로운 길의 발견, 뚜렷한 목적이 없는, 천왕성의 에너지를 쓴다, 뜻밖의 새로운 출발, 갑자기 떠나야할 상황, 악마 타로카드의 반대 의미, 털털한, 본능에 충실한, 예상하지 못한 곳으로 이동, 제대로 알지 못한 채 새롭고 낯설은 곳으로 이직)

② 역방향

- 저돌적이고 지나치게 모험적인
- 무개념적이며 무모한
- 무책임, 책임회피, 어떤 무책임한 사람이 우리의 인생에 영향을

줄 수 있음.

- 자기확신의 부족
- 길을 잘못 들어서다. 기행벽
- 사려깊지 못한 행동과 잘못된 선택, 결정을 내리지 못함, 비이성적인 경향,
- 잘못된 자유정신, 즉 방종
- 경솔한 사랑, 불같은 성질, 쉬 달아오르고 쉬식는다.
- 고결함에 대한 혐오
- 복잡함(분규:내분)
- 자기멋데로, 지나치게 방만한
- 어리석음, 신중하지 못함, 사려깊지 못한 행동, 선택이 틀릴 것 같다.
- 남의 의지로 쫓겨날 때, 원하지 않는 이동수, 귀가 얇은, 버림받는, 발을 잘못 들여 놓다. 따로 논다. 억지로 떠밀려서 쫓겨나감
- 모함을 받다. 누명을 쓰이다.
- 본능에 휩싸여 건달처럼 지내다.
- 건들건들 거리다.
- 비행소년, 비행소녀, 건달
- (애인에게) 차이다.

1. 마법사

- 뫼비우스띠: 무한한 창의력, 아이디어, 정신 과 육체가 동일함, 일원화된, 심신일체
- 뜰: 길가의 마법사, 대중석/실용적/외향적
- 위로 치켜든 손과 아래로 향한 손: 하늘의 기운 을 받아 땅에 보냄(기획을 구체화하고 생각 을 현실화 함), 매개자, 무당, 기술자임을 암시
- 우로보스: 성욕, 윤회
- 붉은 장미: 순수열정
- 백합: 순수지식
- 붉은 상미 백합: 열성석이고 순결한 여성들에 의해서 둘러싸인, 인기 있는, 사교적인
- 펜타클,컵,소드,완드: 흙,물,공기,불의 물질 세계에 대한 지배자임을 암시
- 높이든 지팡이: 물질세계를 지배하는 권능
- 노란색: 명랑, 밝음, 심오한 지성
- 붉은 로브: 실용적 열정, 현실적, 생명력, 힘
- 흰색 내의 : 순수지식, 죽음

① 정방향

- 사교적인

- 여성들에게 호감을 받는
- 순수한 지식과 삶에 대한 열정이 강한
- 의사, 기공사, 기술자, 외교관, 소방수, 고도의 역술가
- 말주변이 달변이고 언어적 소양과 기술을 갖춘
- 이상과 현실을 조화시키는
- 기획과 계획 그리고 설계를 구체화시키는 능력
- 다재다능하고 치유능력이 있는 창조적 의사
- 삶의 지표를 제시하는 유능한 멘토(교사, 선생)
- 물상론(物象論)적으로 자판을 펴고 영업을 하거나 요리대에서 요리를 한다.
- 외향적 성격의 사람으로 혼자서(숫자 1) 일을 창조적으로 해낼 줄 아는 사람
- 창조적이고 독창적인 재능의
- 동업 불가능한
- 쇼맨십이 강한, 자신을 내세우기 좋아하는, 잘난체하는
- 숙달과 달인의
- 의사, 창조적 재능, 열정, 치유(치료), 고행, 유능함, 멘토, 다재다능함, 숙달
- 의지, 숙달, 조직적 재능, 창조적 재능, 위로부터의 힘을 얻어 그것을 욕망을 통해 현현시키는 능력. 목표를 분명히 설정, 능동적 창조력, 삶의 지표 제시.
- 장미와 백합은 순수열정과 순수지식. 속전속결, 쇼맨십, 방만한 카드(일을 많이 벌인다), 재주꾼. 마법의 지팡이는 원하는 바를 이룰 수 있는 힘이 있음을 나타낸다. 지팡이는 교사의 지휘봉, 여러 제자를 둘 수 있다. 임기응변, 손재주가 있는, 소방수, 경찰직(지팡이를 권봉으로)
- 일을 벌이기 좋아하는

② 역방향

- 사기꾼, 플레이보이
- 오진(誤診)
- 의사의 실력을 의심해 볼 것. 좋은 병원을 선택하고 훌륭한 의사를 선택함에 신중하라.
- 나의 능력에 대한 자만심이 결국 나를 사기꾼들의 속임수에 걸려들게 만든다.
- 실력이 없으면서 잘난 체해서는 안 되는
- 능력을 인정받지 못하는
- 자만심과 기술에 대한 자존심을 버릴 것.
- 너무 재능이 많아서 실속이 없는
- 재능은 많으나 뚜렷한 기술이 부족한
- 기술이나 재능을 파괴적으로 사용하는
- 의지가 나약하고 결정을 내리지 못하는
- 교묘한, 사기(꾼), 오진(誤診), 非결정, 약한 의지, 파괴적 목적으로 힘을 사용함
- 비 결정, 나약한 의지, 어리석은 언행(ineptitude), 부적당, 어리석음, 파괴적인 목적으로 힘을 사용함
- 허풍이 있는, 재능에 대한 실망, 말뿐이고 실속이 없는, 속임수, 사기, 사기당함. 허풍쟁이, 강제적으로 공부를 시키는 멘토, 엉터리 멘토(선생)
- 일을 벌이기를 좋아하나 제대로 수습하지는 못하는

2. 고위여사제

- 십자가: 우주의 위계질서, 평등과 차별, 진화의 원리, 성스러운
- 보아즈: 부정의 힘
- 야킨: 긍정의 힘
- 석류: 영적인 풍요로움, 정신적 풍요
- 토라: 법
- 밟고 있는 초승달: 음욕과 성욕의 제압
- 파란색: 직관, 냉정, 침착, 고요, 조용, 차분, 정숙, 차가움, 무의식
- 베일: 숨겨진 비밀이 있음
- 바다: 깊은 무의식(심층 무의식)
- 녹색 종려나무 : 성장

① 정방향

- 정신세계 추구
- 정신적 풍요와 영적의 각성/진화/확장
- 숨겨진 영향력과 지혜
- 드러나지 않는 신비한 비밀을 간직한
- 법공부나 법쪽으로 박식하고 해박함
- 통찰력, 직관력, 침묵의 힘, 침착한
- 꼭 할말만 하는/말을 아끼는

- 지혜로운 판단력
- 정신적인 사모(연애)
- 물상법적으로 내각 책임자, 국무총리
- 정신적 풍요, 양심적인, (고시생에게는) 법공부를 열심히 하라.[1]), 일에서 숨겨진 영향력
- 드러나지 않은 미래, 일에 있어서의 숨겨진 영향력, 예술가, 시인, 작곡가, 신비주의자에게 특히 가치있는, 이 카드가 남자의 리딩에서 나온다면 이는 모든 남자가 꿈꾸는 이상적인 여성상을 나타낸다. 여성의 리딩에서, 그녀는 그녀 자신과 친구 내면에서 이러한 순결한 여성상을 찾을 수 있다는 것을 나타낸다.
- 직관을 믿어라. 내면에서 답을 알고 있다. 숨겨진 영향력이 있는, 내조를 잘하는, 처녀, 미혼모, 파이씨스 별자리(직관력, 감성과 이성의 중재역할), 버고 별자리(실무, 장인, 노동, 서비스 봉사, 분석가)
- 빽(후원자), 빽이 있는(영향력 있는 존재가 뒤를 봐주는)
- 향상심이 많은 학생
- 여의사

② 역방향

- 결벽증/지나친 완벽주의
- 독신주의
- 성적 매력이 없는
- 비밀을 누설함
- 정신세계에 지나치게 집착하는
- 감각적 즐거움을 추구하는
- 표면적인 지식을 받아들이는
- 고집이 세고 미숙한

---

1) 그녀가 들고 있는 토라는 종교경전이지만 고시생에게는 법률서적에 상응한다.

- 미숙한, 결벽증, 방종, 고집불통, 욕심을 냄[2], 불임, 감각적 즐거움, 표면지식을 받아들임,
- 자만(Conceit), 감각적 즐거움, 표면 지식을 받아들임
- 노처녀, 까다로운, 결벽증, 집중이 잘 안되는,
- 순결 상실

2) 미숙한 행동을 하지 말라. 욕심을 내지 말라. 방종하지 말라. 고집을 부리지 말라로 통변하거나 해석할 수 있음.

3. 여황제

- 월계관: 성취한 여성
- 열 두 개의 별: 운명을 믿고 순응할 줄 앎
- 권장(홀): 여성의 권위, 시위, 명예중시
- 녹음의 숲: 물질적 성장
- 비너스 상징: 미의 여신 비너스의 가호와 축복을 받는, 여성의 아름다움, 주목을 받는, 금성(황소자리, 천칭자리)
- 밀밭: 풍요
- 석류: 다산
- 흐르는 폭포: 자연의 생명력, 넘치는 무의식
- 쿠션: 편안한, 안락한, 인내, 나태
- 목걸이 : 미를 추구
- 화려한 옷: 치맛바람, 임산부, 자신을 드러내 보이는

① 정방향

- 모성애가 풍부한
- 물질적 풍요가 정신적 만족감과 행복을 가져다 줌
- 주목의 대상이 되는/매우 아름다운 여성
- 사람들과 소통을 해야 이루어진다.
- 예술가, 농부, 부모가 되고자 하는 사람에게는 긍정적인 카드

- 단기적 임무의 완성(장기적 임무를 완수하는 것은 세계 카드)
- 사주(四柱)로는 재성운
- 풍요, 주목의 대상(전화번호 바꾸지 말라),
- 소통, 연상의 여자, 성숙한 여자. 임무의 완성
- 물질적 부, 결혼, 부모가 되고자 하는 것에 대한 생산력(다산), 농부 또는 창조적 예술을 요구하는 분야에서 일하는 사람들에게 있어서 생산력이 뛰어난, 다른 카드들이 별루 좋지 않은 카드라면, 이것은 종종 사치와 방탕을 뜻한다.
- 미스코리아, (남자에게 있어서는) 여자 복이 있는, 여사장, 복부인, 귀부인, 모델, 전화를 자주 받는, 전화번호를 바꾸지 말 것
- (물상법적으로) 핸드폰을 들고 편안히 전화를 받는 여인

② 역방향

- 가난과 가정위기
- 주목을 못받아 질투와 권태를 느끼는
- 공장이 오래되어 기계가 낡아 제품 불량이 많은
- 과도한 생활과 사치, 낭비
- 생산력 저하
- 돈 없고 나이만 많은 여자
- 시험 불합격, 소통이 안 됨, 원치 않던 임신, 물질적 낭비와 손해, 주목을 못 받은 질투
- 원치 않은 임신, 불임, 물질적 소유물의 손실, 비활동성, 자원들을 허비하거나 낭비하는, 전쟁과 기근에 의한 파괴의 가능성, 가난이 집을 가정을 파괴할 수 있다. 정신적(psychological) 문제들로 불안정을 야기할 수 있다.
- (남자에게 있어서는) 여자 복이 없는, 물질적 손해, 기형아 출산 가능, 원하지 않는 임신, 전화 안받음, 전화가 안옴, 구설수

4. 황제

- 민둥산(돌산): 험난한 세파를 뚫고 온 역경, 자수성가, 강인함, 부동산
- 돌로 된 왕좌(석좌) : 틀, 격식, 고정관념, ※ 역방향일때는 돌아가신 아버지의 시신을 모셔놓은 관(시체보관)
- 앙크 십자가: 정신적 지배력
- 보주(옥구슬): 물질적 지배력, 재정적 능력
- 갑옷: 외부로부터의 방어, 자신의 권위를 지키려는 보호 본능, 냉엄한, 자기방어능력
- 숫양: 리더십, 독단적인
- 수염: 연륜, (산전수전) 경험한
- 붉은 옷:현실적/실용적 힘(권위), 책임감
- 파랑 속옷: 내면의 냉정

① 정방향

- 부성애가 풍부한
- 아버지같이 엄격하고 이끌어주는 남성
- 격식과 틀에 얽매이는
- 가정을 소중히 생각하고 가정을 지켜줄 수 있는
- 부성의 권위/가부장적인

- 고정된 사유체계를 지닌
- 노력의 열매, 행위의 결과
- 강력한 지도력과 카리스마
- 권위와 지배적 힘, 노력의 열매, 행위의 결과
- 리더십, 지도력, 정신적 활동, 지배, 전쟁을 만드는 힘, 권위, 부성애, 노고한 결과로 받는 댓가, 행위의 결과, 통제되거나 방향에 맞추어진 성적 충동
- 상황에 따라 눈치 보며 적응해 나감, 정신력, 정신적 지배력, 권력, 물질적 부, 책임감 있는, 사장, 노교수, 아버지 같은 남편, 자수성가
- 부동산을 하는, 부동산을 하면 돈이 되는
- (물상법적으로) 홍삼, 산삼, 인삼, 보약

② 역방향

- 지도자 자격이 없는/권위만 내세우거나 의지가 나약한
- 명령을 내렸다가 취소하는
- 지나치게 강제적이거나 월권행위
- 의지박약하고 경제력 기반이 없는
- 통제력을 상실/오용/남용/과용
- 권위를 내세우지 말라
- 애정관계에서는 지나치게 보수적이고 강제적인
- 제멋대로 행동하는
- 권위와 지배적 힘이 부담으로 작용하거나 남용. 부적당한 권위. 지도자(선생)이라고 권위를 내세우지 말라. 강제적인, 자존심을 너무 세우지 말라. 명령 취소. 통제력 잃음, 월권
- 의지나약, 경제력 기반이 빈약한
- 통제력 상실, 전투에서의 심각한 부상, 감정적 비성숙과 부모에 대한 속박, 자신의 상속을 갈취당할 가능성

- 말을 번복하는, 신뢰할만하지 못함, 권력부족, 프라이드가 필요한 상황
- 구체적이지 못하고 모호함(4가 거꾸로 되므로)
- 안정적이지 못한(4가 거꾸로 되므로)
- 책임질 필요가 없는
- 이빨 빠진 호랑이, 퇴역 장성

5. 교황

- 회색 기둥: 화해, 중재, 경륜
- 십자가: 신의 대리자 증표
- 교차로 놓여있는 두 개의 열쇠: 금고 열쇠, 재정능력
- 붉은 장미: 물질적 세계
- 흰 백합: 정신적 세계
- 두 명의 사제: 참모들, 자신의 추종자, 학생, 제자, 연인(커플)
- 붉은색 옷 : 권위와 명예, 힘

① 정방향

- 의식, 신조, 가풍, 체계 등의 외적 형태를 중시하는
- 사회적 풍습/관습/승인을 중시하는
- 제도권의
- 중개자/중매자
- 귀인/원조자
- 좋은 인연
- 족보(대학교에서 선배들이 기록한 시험노트)
- 교수/대법관/판사/제도권의 선생(교사)
- 보수적이고 교권을 내세우고 제도권을 중시하는 덕망높은 인사
- 귀인, 의식/신조 등의 외적 형태 중시, 중매자, 제도권/사회적 승인의 중요성, 사회에 순응

- 종교, 의식, 신조, 예식의 외적 형태들에 대한 선호, 사회적 승인의 중요성, 사회에 순응해야할 필요성
- 집안의 전통, 규범, 의례, 준칙. 가문의 문제, 가문과 가문 간의 만남, 지역 간의 만남, 학벌차이 없음, 종교 간에 마찰이 없는, 종교적 교육을 받으라. 천생연분, 제도권적인 전통, 전통에 순응하는, 가문에 순응하는, 순응, 적응, 대부, 교주, 사회적인 마스크, 옷이나 의례, 격식을 갖추는, (대머리 두 남자는) 노력하지 않는, 머리가 빈 상태를 암시, 두 개의 황금열쇠는 핵심적 조언(가르침). (교육과 관련해서는) 사궐만한 교육과 시간, 겉궁합 맞는,
- 전통, 계승, 전승
- 교황이 밟고 있는 함(열쇠 모양과 함께)은 금고, 재정장부, 회계장부, 저금통장으로 상징화됨
- 체면중시(역방향일때는 허례허식에 빠질 수 있음)
- 황소

② 역방향

- 귀인이지만 괴로운 조언자
- 원조자가 없거나 남을 믿어 낭패를 봄
- 인연이 없는 연인
- 자신 스스로를 보호할 것
- 남을 조심하라/남을 믿지 말라
- 미신적이 되지 않도록 주의할 것
- 새로운 생각에 열려있는
- 관습적이지 않은
- 귀인이지만 조금 괴로운 도움이나 상황에 맞지 않는 도움(을 주는 사람), 동업하면 좋지 않음, 새로운 생각에 대한 개방성, 非관습적.
- 새로운 아이디어들에 대한 개방성, 관습 탈피, 히피 뿐만 아니라

발명가의 카드, 당신이 미신적이 되지 않도록 주의하라.

- 사고방식의 차이, 가식, 허식, 허례허식, 서로 안맞는, 인연 없는 한 쌍, 가치체계와 가치관이 다른 연인, 가방끈이 짧은
- 횡령하는, 횡령당하는

6. 연인

- Raphael 천사: 라파엘 천사는 치유자, 화해자, 부상당하고 병들고 깨지고 고장난 사람들의 통합자이다. 그는 사랑과 즐거움의 천사이다.
- 천사: (여자에게) 이상적 연인, 중재자, 소개팅 주선자
- 태양: 신성함, 신의 은총
- 알몸의 남녀: 진실, 솔직, 대화
- 보라색: 영적 치유의 에너지
- 사과나무: 지식의 나무
- 불나무: 열정과 생명의 나무
- 구름: 대화, 플라토닉 러브
- 산 : 세속적 욕망, 물질욕
- 뱀 : 지혜

① 정방향

- 정상적인 연인관계
- 동업자/협력자의 복이 있는
- 세속적인 사랑이 아니라 신성한 사랑과 믿음에 초점을 두는
- 선택을 잘한
- 눈높이를 맞추는 것이 필요한
- 운명적인 사랑/천생연분
- 정상적인 연인, 관계, 연예 진행 중, 협력자

• 선택, 유혹, 매혹(attraction), 신성한 사랑과 불경한 사랑 간의 갈등 내지 투쟁, 삶의 내적/외적 측면들의 조화

• 사랑을 하는 사이지만 여성이 눈이 높은, 여성에게 선택권이 있는, 적성에 맞는, 눈높이를 높여라, 고수를 향하여, 플라토닉 러브, 정신적 사랑, 뒤의 산은 현실적 문제들/세속적 욕망들, 욕망을 초월한 사랑

② 역방향

• 서로 눈높이를 맞추지 않는다(서로 추구하는 바가 다르다)
• 겉만 연인이고 속은 연인이 아닌
• 형식적 연인(연애)
• 비협력적인 태도/동업하지 말것
• 이별/이혼/변심/배반
• 감정을 안정화할 필요가 있는
• 불행한 연애/가식적인 연애
• 겉은 연인이나 속은 아님. 겉만 연인. 정상적인 연인 관계에서 멀어지거나 벗어남. (원조교제나 불륜 등의 연예일 경우에는 악마카드)불행한 연애, 동업하지 마라.
• 투쟁, 불충실, 결혼이 깨어질 위험, 정서를 안정화할 필요성, 잘못된 선택의 가능성
• 겉만 연인, 겉도는 애정관계, 고수가 되어라, 눈을 낮추어라.
• 욕망에 사로잡혀 플라토닉 러브를 못하는

7. 전차

- 마부: 지쳐있는 상태, 겉으로만 태연, 허례허식, 위선적인, 갈등하는(게자리)
- 별: 운명에 대한 순응
- 월계관: 성취
- 스핑크스: 욕망, 돈, 애증, 라이벌 의식, 갈등
- 바퀴: 이동
- 갑옷: 결연함, 각오, 보호
- 초승달: 내면의 부드러움
- 팽이 : 남녀합일(음양조화), 타협
- 양 날개: 승화, 지혜, 제 3의 눈

① 정방향

- 취업이 가능한
- 욕망, 적(라이벌), 질병, 돈문제를 극복해야 하는
- 위대함을 성취하고자 하는 사람들의 카드
- 여행/이사해야하는 상황이나 자금력 부족
- 문제를 씩씩하고 용기있게 해결하는
- 정신적인 힘으로 육체적인 힘을 제압하는
- 씩씩하게 전진. 이사가야하는. 사회로 진출, 성취

  승리, 의지, 자기 확신, 강한통제력을 필요로 하는

• 승리, 성공, 자연의 힘들에 대한 통제력, 사람이 갖고 있는 동물적 저급 욕망들을 포함하여 어떤 종류의 적들이나 돈 어려움 그리고 질병 문제에 있어서 승리를 뜻한다. 또한 안락 속에서 여행할 수 있음을 나타내며, 정신적 육체적 힘들을 이행할 수 있도록 이끌 것이다.

• 욕망에 시달리면서 움직이는, 체면중시, 욕망 속 태연, 홍보부, 아나운서, TV 출연, 방송, 카센터, 배달, 조정, 서로 잘 났다고 하는, 불평불만이 있는, 욕구불만, 세속적 욕망과 성스러운 욕망의 갈등, 알고 있던 지식과 모르고 있던 지식 간의 갈등, 할까 말까 망설이는, 영업에서 잘 나옴, 욕망을 컨트롤해야 하는, 욕망 때문에 정체되어 있는, 스트레스, 돈, 술, 담배, 성욕, 질병을 컨트롤해야하는, 성대결로 싸움, 라이벌 의식, 양가적 갈등, 겉으로는 떳떳한 연애, 연료가 없는, 연료를 아껴써야 하는, 취업이 되어도 거리가 먼, 애정조절 가까스로 성공

• 우리가 풀어야할 숙제가 있는

• 애증관계와 원한으로 속앓이를 하지만 겉으로는 태연한

• 타협을 볼 필요가 있는

② 역방향

• 이사하지 못하고 이동운이 좋지 않은

• 자금부족으로 움직일 수 없는 상황

• 패배와 좌절 그리고 전의/의욕 상실

• 질병, 욕망, 라이벌, 돈문제로 어려움을 겪는

• 비윤리적인 승리

• 전차를 꺼꾸로 몲/도피행

• 연애운의 경우 서로 피하려고 하거나 외면하려고 하는

• 문제를 해결하려고 하지 않는

• 빚 안 갚으려고 하는

• 이사 못한다. 성급히 하려고 하지 마라. 좌절

- 도망다님

- 퇴폐적인 욕망, 질병의 가능성, 변화에 대한 불안과 갈망, 비윤리적인(부도덕한) 승리

- 연료가 없는, 연료를 아낄 것, 조정불가, 떳떳하지 못한 연애, TV 출연과 홍보가 별루 효과가 없는, 여성과의 라이벌 경쟁에서 남성이 도망가는, 돈문제로 연애가 힘든, 애정조절의 실패, 배달업체가 별루임

- 택배발송이 늦어지는

8. 힘

• 뫼비우스 띠: 무한한 힘, 심신일체

• 화환과 장미 꽃다발: 심신조화

• 사자: 질병, 스트레스, 시험문제, 욕망, 남편, 남편의 바람기,

• 성욕, 알코올중독, 담배 등

• 흰색의 옷: 냉정, 진지

① 정방향

• 인내하는
• 부드러움으로 본능을 제압하는
• 정신적이고 영적인 힘으로 본능을 제압하는
• 영적인 힘으로 물질적 욕망을 극복하는
• 사랑이 증오보다 우선하는(증오보다는 사랑을 우선시 하는)
• 부드러움으로 본능을 제압하거나 유지시킴,
• 운동의 중요성. 인내, 불굴의 의지력
• 인물의 위력, 물질적 힘을 압도하는 영적인 힘, 증오에 대한 사랑의 승리, 동물적 욕망에 대한 더 높은 본성
• 내면의 용기와 자신감

* 사자는 질병, 남편, 본능, 물욕, 시험문제, 고민거리, 스트레스, 증

오, 저축, 집등을 뜻함

- 자기 확신이 필요한, 자신감 필요, 두려움을 이겨낼 것, 남자에게 맞추다. 남자를 칭찬해줄 필요가 있는, 다스림의 카드, 돈과 물질로 남성을 다스리다. 두려움을 극복하는, 참아라, 여자가 돈이 있는, 사자는 속앓이
- 사자는 이사운에서 허름한 집이나 낡은 집을 말하고 꽃다발은 인테리어를 해야함을 뜻함
- 집이 골칫거리로서 빨리 팔고자 하나 참을 것.

② 역방향

- 제멋대로의(하는)
- 본능에 사로잡히는
- 도덕적 힘의 부족
- 병이 도짐
- 인내력 부족
- 용기부족. 강압적이고 자기 멋대로 행동
- (제압 하지 못함), 힘의 과용과 오용
- 물질적인 것에 의한 지배, 부조화, 도덕적 힘의 부족, 우리 자신 내면에 있는 미지의 것에 대한 두려움, 힘의 남용
- 직업으로는 스포츠맨, 동물 조련사
- 제멋대로, 남성을 칭찬해 주라. 자기확신이 부족하는
- (물상법적으로) 위장병

9. 은둔자

- 감은 눈: 비밀, 탐구, 탐사, 조사
- 등불: 지혜의 빛
- 지팡이: 의지처, 믿음, 애인, 참모, 지인
- 눈 덮인 산: 세속의 세파
- 회색: 중립, 고독, 경륜, 비밀
- 수염: 연륜

① 정방향

- 고독한/외로운/홀로 즐기는
- 혼자있기를 좋아하는
- 자신을 스승으로 삼아라/자신을 믿어라
- 비제도권의 스승
- 지혜와 탁견(훌륭한 선택) 그리고 사려분별있는
- 조용한 상담/영적 스승과의 조우
- 영적인 목표달성
- 조용한 연애
- 아웃사이더
- 지속적인 운둔과 비밀 유지
- 지적인 성장과 성숙을 위해 노력하는

• 나르시즘, 선생 자격이 있음. 독신, 외로움. 非제도권적인 영적 스승, 비밀, 탐구와 지혜

• 침묵의(조용한) 상담, 신중함, 식별력, 위로부터 지혜를 받는, 당신의 분야에서 전문가로부터의 명령, 물질적 또는 영적인 목적으로 구도의 길에 있는 구도자를 이끌 수 있는 사람과의 만남. 영적 스승. 목표의 달성, 지식을 얻기 위해서 여행이 필요할 것이다.

• 뒤 끝이 있는 사람, 헤어져도 미련을 갖고 있음.

• 빚 독촉에 시달림

• 어른들의 답답하고 가혹한 현실주의 싫어함

• 나다니기 싫어하는 게으른 사람

• 조용히 지낼 것, 혼자 있기를 좋아하는, 믿음을 지키는, 단절, 소심, 신중하게 생각할 것, 현실을 거부하는, 현실을 외면하는, 서로 생각할 시간을 가질 것, (여성에게 있어서) 자신을 달래줄 남자가 되어줄 사람

• 발견, 내면을 들여다볼 것

② 역방향

• 잠시 동안 은둔하는

• 비밀이 누설되는/믿음을 저버리는

• 은둔에서 세속으로 나오다

• 우울하고 비참한

• 지혜롭지 못하고 분별력이 없는

• 스승(교육자)으로서 자격이 없는

• 경박한 사랑/지혜롭지 못한 사랑

• 융통성이 부족한

• 성장하지 않으려고 하는 아이같은 사람

• 지혜에 귀를 기울이지 않는

- 성숙하지 못한 처사
- 잠시 동안만 운둔. 몇일 기다려 봐라. 우울,
- 비참한, 재앙, 선생자격이 없음, 분별력 없음
- 지혜를 듣고자 하는 것을 거절, 비성숙, 어리석은 악덕, 성숙의 거절 즉, 영원한 피터팬이 되고자 하는 경향.
- (물상법적으로) 거품을 많이 일으키는 맥주, 의지처 사라짐, 지혜를 잃음, 믿음을 저버리는
- 철없는 늙은이
- 공부 안하고 사랑에 빠져있는

10. 운명의 수레바퀴

- 스핑크스: 관리자, 지도자
- 검: 판단능력, 식별력, 옳고 그름 분간, 엄격한, 단호한, 결연한
- 아누비스: 노동, 노동사
- 티폰: 일하지 않는 사람, 농땡이
- 책: 공부, 철판
- 8개의 살이 있는 바퀴: 팔정도
- 구름: 보이지 않는 곳, 미지의, 지성의, 공부의, 보호막, 아직 완성되지 않은(미완성의), 애매모호한

① 정방향

- 기회(찬스)를 잡은
- 타이밍과 절호의 찬스 시기
- 좋은 운(호운), 활동할 때가 왔다
- 뜻밖의 행운
- 더 좋은 조건과 상태로 행운이 오는
- 기회의 법칙내에서 창조적 변화
- 호운(好運), (아이들 교육시키려면) 가르치고 놀아줘라. (사회적 일에 대해서) 관리하고 일을 하라. 좋은 카르마

● 성공, 기대밖의 행운의 도래, 더 나은 새로운 조건들을 위한 행운의 변화, 변화의 법칙들 내에서 창조적 진화

● 시대정신

● 변화수, 전환기, 전환점

● 번잡하고 분주한, 마음이 복잡한, 일에 치여사는

● 일시적인 인연, 시절 인연, 때가 되면 와서 때가 되면 사라지는 인연

● 변화의 계기

● 만나서 좋게 사귀다 싸우고 헤어지고 다시 만나고 친해지다 다시 싸우고 헤어지는 분위기가 계속 변화무쌍하게 반전되는

● 우주의 자연스런 섭리

● 슈퍼우먼, 장인정신, 복잡한 가정사, 일을 해야할 시기(전환점), 시간관리 잘함, 호황, 좋은 인연 만나다, 순조로운 변화, 복잡한 삶과 바쁜 삶과 다양한 생각, 운명의 사랑, 일시적인 상황, 마음에서 바쁘다고 하면서 삶, 너무 혼자서 다하려고 함, 오는 인연 오는대로 가는 인연 가는대로, 일을 분담하라.

● 로또복권식의 상황, 운에 맞겨라.

● 한 번쯤 만나야할 사람, 순리에 순응할 것

② 역방향

● 지나치게 놀지 말것

● 일을 안하거나 쉬면서 너무 놀았을 때 나오는 카드

● 관리부진/관리를 잘하라

● 나쁜 운(불운), 활동할 때가 아니다.

● 찬스 놓침

● 시기가 적절하지 않은

● 기회의 상실

- 악운(惡運), 지나치게 놀지 말라, 지나친 노동은 금물, 관리를 잘 하라. 인연 아님
- 기업가 정신의 실패, 패배, 새로운 조건들은 용기를 요구한다. 당신이 뿌린대로 거둘 것이다.
- 자연의 섭리를 거스름
- 지나가는 사랑, 마음이 붕뜸, 불황, 극심한 변화(바쁘기만 한), 빗겨가는 인연, 혼자서 다하기 때문에 버거운, 마음의 변화가 심한(애정의 변화가 심한), 별 볼일 없는 인연, 지나가는 인연, 삐걱거리는

11. 정의

- 베일이 처진 기둥: 화해, 중재
- 샤파이어: 미덕과 진리
- 검: 판결, 판단, 식별력
- 저울 : 평형과 공평
- 보라색 베일 : 영적 치유의 에너지
- 초록색 망토 : 영적 성장, 노란색(명랑)+ 파란색(냉정)
- 붉은 옷 : 뜨거운 정열

① 정방향

- 법률(법)과 관련된/법시험운이 좋은
- 중립적 입장을 지키는
- 공정한 법의
- Give and Take가 정확한
- 노력한 만큼 벌고/번만큼 나가는
- 정직하고 공평한 인물
- 유연하지 못하고 고정적이고 고지식한
- 얻은 만큼 나감, 승소(勝訴), 주고 받는게 (give and take)가 정확함, 지나치게 딱딱한
- 정의가 행해질 것이다. 균형이 요구된다. 소송은 이길 것이다. 균형된 개성은 과도한 짐이나 잘못된 생각들, 그리고 쓸모없는 형태의 교

육들을 제거할 것을 요구한다. 올바른(적합한) 구성요소들의 혼합은 환영받는다(과학, 화학, 요리에서 처럼). 그 목적으로서 잘 균형된 마음을 갖춘 교육에 대한 갈망이 나타날 것이다.

- 역할 분담을 공정히 하다
- 맺고 끊음을 잘 함, 단호한
- (이성 관계서)서로의 입장 지킴
- 인간관계에서 계산적
- 직업으로는 검사 · 변호사 · 정육점
- (이성 간의) 행위의 정당성 (서로에게 정직한가?)
- 남의 떡이 큰가를 생각하지 말라.
- 분수를 알라(눈높이를 맞추어라: 연인 카드와 비교)
- 이해타산(이해득실), 자기 실속을 차린다.
- 자신과 타인에게 엄격할 것
- 이것저것 가리지 말 것
- 법과 같은 정직한 사랑
- 행위에 대한 댓가를 받다.
- 실리주의, 질서(법) 유지
- 도덕적 윤리적 사랑, 영적인 권위와 힘이 갖추어진
- (과거 카드로 나오면) 과거에 이혼했을 가능성 있음.
- 정직하게 돈벌라.
- 이혼소송으로 법정에 서게 되는
- 분수를 알라

② 역방향

- 잘못된 법조인
- 너무 고지식해서는 안됨
- 너무 정확하려고 하지 말 것

- 남과 비교하지 말 것
- Give and Take가 정확하지 못하는
- 공정(공평)하지 못한
- 정직하지 않은
- 도덕을 무시하고 선입관과 편견으로 판단하는
- 너무 정확하려고 하지 마라. 너무 정밀하고 세밀하게 판결하려고 하지 말라. 남과 비교하지 마라. 패소(敗訴), 잘못된 법조인
- 불공정, 불평등, 불법적인 연류, 다른 사람들을 판결할 때 자비와 이해를 사용하라는 충고 그리고 과도하게 엄격하려고 하지 말 것
- 너무 정직하여 손해
- 사물을 이성과 논리로만 판단
- 마음의 불륜(무엇인가 서로에게 속이는 게 있는:정직하지 않은)
- 여친이나 남친에게서 멀어지려고 하는
- 저울질 하지 말 것
- 치우친 사랑
- 눈치보는 사랑
- 번것보다 더 나가는
- 노력한 만큼 안되는
- 자신의 마음에 차지 않는

12. 거꾸로 매달린 사람

- 후광: 밝은 마음
- 허리띠: 속박
- 파란색의 옷: 고행과 시련
- 십자가: 고행의 무대, 시련의 환경과 분위기

① 정방향

- 동결, 억류, (무엇인가) 묶여있는 상태
- 희생과 헌신 그리고 시련의 시기
- 타의에 의해서건 자의에 의해서건 시련을 수행으로 생각할 것
- 움직이지 못하는 상황/억류된 상황/질병 가능성
- 새로운 시각으로 세상을 바라본다.
- 역발상/거꾸로 세상을 바라보기
- 거꾸로 산다(보통 상식의 틀을 깬다)
- 세상을 뒤집어 본다/고생을 즐겨라
- 지금 겪고 있는 어쩔 수 없는 상황을 운명적 상황으로 받아들여라.
- 고생하지만 밝은 기운을 유지할 것

- (일반적으로 자기가 원해서 하는) 희생, 시련의 시기. 헌신. 억류, 실제로 (병원에 입원등을 해서) 움직이지 못하는 상황. 진퇴양난
- 영적인 문제에서, 지혜와 예언력, 삶에 있어서 중지, 중지된 결정들, 자기 체념은 인격의 변형을 야기한다. 물질적 유혹이 정복된다.
- 미치광이 상태
- 세상에 반항하는 사람
- 여자를 밖에 보이지 않으려함
- 가만히 있으라, 머리가 밝아진다.
- 상대를 높이고 자신도 높이는
- 하심의 마음을 가져라.
- All in One, 모든 것을 바침, 하나에 전념하는, 혼신을 다함
- 일편단심
- 자리이타
- 부정적으로 본다.
- 상대가 헤어지자는 말할 때까지 기다릴 것
- 응급환자
- 여성을 지키기 위해서 숨김
- 바보처럼 지내는
- 책이 안팔림(묶여있음, 동결), 임금 동결, 자금 동결
- (사업문제에 있어서는) 고객의 입장에서 바라볼 것

② 역방향

- 미칠정도로 힘든 상태, 광기와 스트레스
- 어떡해야할지 모를 정도로 힘든 상태
- 노력하지만 소득이 없다.
- 헛고생/헛수고
- 억지의 희생/강요된 희생

- 고생하지만 열매가 없다.
- 노력만 했지 별다른 소득이 없음, 강요된(억지의) 희생.
- 오만, 에고에 사로잡힘, 영적인 영향에 대한 저항, 육체적 문제들에 몰입, 낭비된 노력, 그릇된 예언

고생이나 노력을 안함, 정신 차려라, 겸허하지 않은, 일편단심 하지 마라, 매달리지 마라, 집착(고수)하지 말라, 남자가 여자에 의지, 보호를 못함, 겸허하지 않은, 현실적이지 못한, 맹목적 사랑(짝사랑), 바보처럼 지내지 않는

13. 죽음

• 해골: 무서움, 공포, 죽음
검은 갑옷: 불가항력, 거부할 수 없는, 피 할 수 없는
• 검은 바탕에 백장미가 그려진 깃발: 재생의 힘, 갱생의 힘
• 말: 생명
• 시체: 인간의 무력감
• 떠오르는 태양: 새로운 삶
• 두 개의 탑: 새로운 세계(시기)로 나아감
• 강: 삶, 세월

① 정방향

- 일방적인, 결단으로 밀고 가는
- 하늘에서 과거 인연을 끝내줄때 이 카드가 나옴
- 과거의 인연을 종결짓고 새로운 인연으로 나아갈 것
- 새로운 세계로 나아가기 위해 기존 세계를 종결짓는
- 90%는 상황 종결을 의미하고 10%는 실제 죽음이나 위험한 순간을 뜻함
- 종결과 중지/중단/끝남의 카드 (망함의 카드는 탑카드)
- 휴업 (파업은 탑카드)
- 애정이 막을 내리는
- 이별과 실패/이혼
- 절처봉생(죽은 나무에 꽃이 핀다)

- 과거의 종결(종료/종말), 새로운 시작. 실업,
- 영혼의 부활[3], 망각, 실제의 죽음, 헤어짐,
- 무서운 사람
- 변형(Transformation), 변화, 갱생을 수반한 파괴, 변화는 의식안에 있을 것이다. 새로운 아이디어들 혹은 새로운 기회들의 창출
- 기선제압
- 경찰
- 남자에 대한 거부감과 두려움
- 휴업, 퇴사, 퇴직, 은퇴
- 승부수를 던짐
- 배신
- 다시는 안봄
- 세금압류, 법형사, 국세청 직원, 빚쟁이들
- 끊고 맺음을 정확하게 하라.
- 마음을 새롭게 하다.
- 마음을 바꾸는

② 역방향

- 죽음에서 희망으로
- 위기에서 기회로
- 관계개선
- 개과천선
- 이미지 체인지/기사회생
- 과거의 인연을 유지하고 새로운 관계로 다시 시작함 (심판 카드는 과거의 사랑을 다시 가져와 회복한다)
- 기분전환. 기사회생

---

3) 육체의 부활에 해당하는 카드는 최후의 심판(Judement) 카드임.

- 재난, 정치적 격변, 혁명(revolution), 무정부주의, 혼란, 정치적 인물의 죽음, 일시적 침체, 타성(inertia)에 젖음
- 사랑의 회복
- 저승사자가 오다가 되돌아가는, 엄포놓고 다시 개선, 단념하지마라, 두려워하지 마라. 마음을 바꾸다가 만

14. 절제

- Michael 천사
- 미카엘은 어둠의 세력들에 대항하는 신성한 군대의 리더이다.
- 그는 정의를 가져다 주고 보호를 제공하고 신성한 깨달음으로 향하는 길목의 선한 영혼들을 이끄는 지도자이다.
- 천사: 맑고 밝은 중립의 중재자
- 컵: 물질과 정신의 상호교류
- 왕관: 은총의 에너지, 지성의 에너지
- 대양: 신의 은총
- 길: 영적 상승의 통과의례
- 후광: 초월적 신비능력
- 원 안의 점: 힘의 근원
- 꽃: 신의 선물, 신의 부속물, 주인공의 자녀
- 물: 무의식
- 물에 담근 발: 냉병, 자궁병

① 정방향

- 성질을 죽여라
- 기분내키는대로 행동하지 말 것

- 올바른 거래에 의한 융합
- 교류가 원활히 된다.
- 동업/협력하면 좋다.
- 서로의 거래를 빈번히 할 것
- 교환조건이 좋다.
- 유연하고 융통성이 있는
- 긍정과 부정의 균형. 융합, 순화, 깊은 사랑
- 원활한 교류, 동업 가능, 주고받음 유연한
- 적응, 부드럽게 진정시킴, 조정, 자기통제, 수정, 다른 사람들과 화합하면서 일함, 좋은 경영과 관리, 우리가 상상했던 것은 통과할 것이다. 성공적인 조합이 성취될 것이다.
- 대화가 잘 통함
- 친구보단 가깝고 연인보단 먼 사이
- 해외 세일즈, 교제를 해봐라. 감정조절을 잘한다. 거래, 절제된 사랑, 사랑의 때를 알다. 여성이 돈 대주어야 함.
- (물상법으로) 양날 도끼, 무서운 정신(이 요구되는), 정신일도 하사불성, 중도와 균형
- 너무 잘해주지도 말고 너무 못해주지도 말라. 당근과 채찍, 친하지도 불친절하지도 말 것.
- 모임 간 대화, 부부간의 관계를 마음에서 마음으로 교류하는
- 컵의 물은 부분(개인 무의식)을, 강물은 전체(집단 무의식)를 뜻함,
- 문화 융합, 서로 다른 문화를 동시에 경험해야하는 경우, 예를 들어, 아랍 여성이 미국의 문화를 수용해서 자신의 문화와 융합해야할 상황.

② 역방향

- 교류/소통/대화가 안 되는
- 쓸데없이 일이 많아 지치는
- 에너지를 소모하고 조정능력이 없는
- 올바르지 못한 교류
- 불행한 결합
- 동업하면 돈 낭비 물질적 손실
- 냉병과 낙태
- 애정 조절이 서투르다. 마음과 마음 간의 갈등
- 쓸데없는 일이 많음. 소모, 지침, 낙태, 동업하면 돈 낭비.
- 유력한 관심들, 불행한 조합, 투쟁, 타락, 분리, 난파의 가능성 또는 어떤 다른 재난.
- 졸속적 행동 · 판단
- 구애를 너무 빨리 해서 낭패
- 신경질적 사랑, 자궁병, (양날 도끼가 뒤집어짐으로) 믿는 도끼에 발등찍히다.

15. 악마

- The Devil (Uriel 천사)
- 우리엘은 불과 변형의 힘이다.
- 그는 상황을 밝혀주고 경고를 준다.
- 그는 웃음과 비밀의 천사이다.
- 악마: 염소자리, 물질적 탐욕
- 거꾸로 된 별: 악마의 별, 불길한 기운
- 알몸의 남녀: 수치를 모르는 남녀
- 거꾸로 된 횃불: 문명의 파괴
- 포도로 된 꼬리: 신성한 영혼의 에너지
- 포도주에 취한
- 불꽃으로 된 꼬리: 욕정에 휘말린
- 사슬: 구속, 물론 두 남녀는 스스로의 노력으로부터 사슬을 풀 수 있다.

① 정방향

- 사탄의 별은 물질세계 탐닉, 정상적인 별은 정신세계 추구
- 속박/구속/집착/중독된
- 음탕한 밤놀이가 과한

- 성상납/뇌물/노예계약의
- 불륜적 연애
- 룸살롱 등 불법업체를 하면 잘됨
- 빚더미와 병마에 시달리는
- 악마의 유혹과 욕망의 포로
- 음탕한 밤놀이가 과함. 속박, 구속, 집착
- 흑마술, 불만, 우울, 질병, 힘의 잘못된 사용, 물질에 대한 속박, 이해로부터 분리된 감각(감각적 쾌락에 빠짐)
- 망상, 쓸데없는 걱정
- 물질의 왕, 뻔뻔하라. 오픈 마인드, 상황을 밝히고 경고를 준다. 강박증, 인연의 끈을 놓치마라, 사랑의 집착, 집중력, 불륜으로부터 해방, 추문이 밝혀지는(드러나는)
- 자유를 잃다. 육체적으로 힘들다. 정염(정욕)고 유혹에 빠져있는
- 돈과 부의 제왕을 뜻하는 카드

② 역방향

- 집착에서 벗어나라.
- 속박/구속/집착/중독에서 벗어나는
- 징크스를 깨다
- 지나친 성관계에서 벗어나는
- 병에서 회복된다.
- 진흙탕의 애증극에 종지부를 찍는다.
- 나쁜 인연에서 벗어나고 악마의 유혹을 뿌리친다.
- 소심해서 결정을 내리지 못하는
- 자존심과 자기이익의 극복
- 나쁜 습관으로부터 해방하는
- 성관계를 피하라. 해방, 구속으로부터 벗어남

- 질병 개선, 잘못이나 악연으로부터 벗어남
- 영적 이해의 시작, 물질에 대한 속박의 사슬을 제거함, 소심함, 결정을 내리지 못함, 자존심과 자기이익의 극복
- 불륜으로부터 해방
- (이사문제 등 각종) 고민이 사라짐

16. 탑

- 거꾸로 떨어지는 왕관: 에고
- 번개: 신벌
- 먹구름: 어두운 분위기, 암울한 환경
- 불: 파멸의 에너지
- 산꼭대기: 인간의 야망
- 탑: 인간의 노력과 일
- 떨어지는 두 남녀: 질병, 죄악, 무의식과 의식의 대전환

① 정방향

- 설상가상, 난장판, 정신산만
- 망하는(망함의 카드)
- 돌이킬 수 없는(기정사실의) 파국
- 급격한 변화
- 기존 삶의 방식과 구개념이 전부 와해되고 영적 깨달음이 찾아오는
- 이기적 야망(에고)가 사라지고 극심한 변화를 겪게 됨
- 빈털털이가 되는
- 신의 권능에 도전하여 신벌을 받는
- 파업/해직/도산
- 망하는 사랑

• 갑작스러운 이별

• 교만/아집/아상/에고[4]를 무너뜨림, 돌이킬 수 없는 붕괴내지 와해, 망함

• 변화, 충돌, 알력, 재난, 삶의 기존 방식의 전도, 과거 개념들이 뒤집어짐. 파괴는 과거에 대한 깨달음을 얻게 해 줄 것이다. 이기적 야심은 종결될 것이다. 파산

• 운동선수, 비뇨기과 의사, 체조선수, 군인, 다이빙 선수, 특수훈련, 철거당하는, 한전 직원, 화침, 너 잘나고 나 잘나고, 분노의 폭발, 사랑의 파국,

• 진도를 너무 빨리 나갔으므로 시간을 갖고 천천히 진행할 것

• 상처주는 이별수

② 역방향

• 도산/파산/해직의 위험을 겪게 될

• 애정의 위기와 이별수가 있는

• 엄청난 희생을 치르고 몸과 마음의 자유를 획득(회복)하게 되는

• 그릇된 감금/압박, 그릇된 고소

• 애정의 위기/이별의 예감

• 불법업체 가능성/형사문제를 조심할 것

• 도산/파산/불법업체, 교만, 잘난 체, 애정의 위기 및 이별 수, 망할 가능성이 높음

• 엄청난 희생으로 몸과 마음의 자유를 얻음. 그릇된 고발, 잘못된 투옥, 압박

• 싸움의 후유증, 충격을 주어 발상의 전환, 생각의 비월(비상), 싸워서 정신차리는, 전화위복, 스트레스에서 벗어나려함

• 홀가분한 이별수

---

4) 탑은 에고를 상징함.

17. 별

- 큰 별: 희망과 기대의 에너지 원천, 큰 아이디어
- 작은 별: 부수적인 아이디어, 직장후배나 동료의 아이디어
- 별처녀: 솔식, 순결, 치유된 몸
- 물: 무의식
- 새: 남자친구로 비유됨

① 정방향

- 내면을 중시하는
- 별빛같이 희망에 찬/기대를 가질만한
- 미래가 보장되는 밝은 약속
- 통찰/영감/건강/기대/치유/희망의
- 영혼의 선물/위대한 사랑/이타적 원조
- 이상적인 상대/훌륭한 사랑
- 훌륭한 아이디어와 지혜로운 생각들
- 분산투자(하나는 성공/하나는 본전)
- 치유와 회복의 카드
- 순결하고 순수한 여성상
- 내면의 별을 깨닫다. 건전한 여성상, 샛별

같은~ (아이디어)[5], 분산투자(하나는 성공 하나는 실패)

- 통찰력, 영감, 희망, 이기적이지 않은 도움, 좋은 건강, 영의 선물들, 위대한 사랑이 주어지고 받아질 것임
- 곁에 있는 친구, 추종자들
- 남성들에 관심이 많은, 자선사업가, 남친을 테스팅, 새로운 즐거움, 건전한 양다리, 깨달음을 얻어라, 취미와 직업 투잡해도 되는, 두 군데 이상 투자하는
- 대인관계를 넓힐 것
- (취직/이사를 위해서라면) 여러 곳을 알아 볼 것.
- 커리어 우먼
- (직관리딩으로) 조심조심 걷거나 움직이도록 충고=> 아파트에서 윗 층 아이들이 소음을 심하게 낼 때

② 역방향

- 별 볼일 없는~
- 기대 밖의
- 치유와 회복하는데 시간이 걸리는
- 잘못된 의사를 만나게 되는
- 외면을 중시하는
- 양다리를 걸치는
- 순결하고 순수하지 못한 여성상
- 기대 밖의 상대, 별 볼일 없는~ (아이디어). 순수하지 못한 여성상. 여성상을 키울 필요가 있음. 기대 밖의 상대
- 회의주의, 의심, 완고함, 지각의 부족, 육체적 정신적 질병 가능성
- 불건전한 양다리, 양다리 걸쳐 둘 다 손해, 겉모습을 중시하는, 좋지 않은 여성상

---

5) 물병의 물을 붓는 것은 노력과 투자를 상징함.

18. 달

- 달: 비관
- 두 개의 탑 : 시험 관문
- 늑대: 악한(익숙하지 않은/어려운)
- 장애물
- 들개: 선한(익숙한/쉬운) 장애물
- 가제: 자기(Self), 개성화과정 • 에서 말하는 자기
- 물: 무의식
- 길: 영적 상승의 통로

① 정방향

- 비관의
- 달이 뜨는
- 신경과민의
- 숨겨진 적이 있는
- 시험의 카드(경쟁률이 높은)
- 불안/근심/걱정/초조의
- 진지함이 요구되는
- 불안한 사랑/삼각관계
- 불안. 근심스러운~, 진지한~. (시험의 경우) 경쟁률이 높음. 숨은 적이 있거나 신경피로 에 의한 병

• 직관, 상상력, 속임수, 잠재된 정신력이 펼쳐짐. 예견되지 않는 위험, 비밀의 적들, 당신이 사랑하는 사람에 대한 불운

• 근심스러운 사랑, 아나운서, 카운셀러, 상담사, 인내, 정신과(신경과) 의사, 산부인과, 방송타는(하지만 별 볼일 없는), 방해가 있는, 장애물이 있는, 숨기는 것이 있는(속임수가 있는), 속내를 드러내지 않는, 소설가, 문학가

• (물상법적으로) TV, 라디오 방송을 하나 고객은 불만족스러운

• 개와 승냥이는 불만이 있는 2명정도의 근심스러운 직원을 뜻하기도 함

• 개는 습관, 승냥이는 본능으로 상징화됨

• 말 못할 사연이 있는

② 역방향

• 비관에서 벗어난

• 달이 기우는(지는)

• 희생과 댓가를 치르고 평화를 얻는

• 시험 등은 긴 안목에서 볼 것

• 시간이 해결해 준다

• 위기를 모면하고 조금씩 상황이 호조되며 오해가 풀린다.

• 모험을 무릅쓰지 말것

• 걱정하지 말 것

• 속임수가 드러나 거짓 사랑임이 밝혀진다

• 근심에서 벗어난, 걱정하지 말라. 시험 등은 긴 안목에서 봐라. 속임수가 드러남

• 상상력이 실용적 고려에 의해 방해받을 수 있다. 폭풍이 시들어질 것이다. 평화가 희생을 치르고 얻어진다. 어떤 위험도 감수해서는 안된다.

- 삼각관계에서 탈출
- 무의식의 표출
- 시간이 지나면 문제가 해결된다. 분위기 반전

19. 태양

- 태양: 낙관, 복운(福運), 행운
- 해바라기: 긍정적 사유
- 어린아이: 순수한 마음, 동심과 같은 마음
- 화관: 환희
- 백마: 순수한 여성이나 자신을 도와주는 사람
- 붉은 깃발: 실천의지
- 담: 보호막

① 정방향

- (물상법적으로) 전기밭솥을 뜻하기도 하며 난로를 뜻하기도 한다. 식당경영하면 좋은 카드이다.
- 태양은 후원자나 빽을 뜻함
- 낙관의
- 태양이 뜨는
- 운수형통/활약기/생명력이 넘치는
- 순수한 마음의
- 행복한
- 복운의
- 순수한 마음. 삶의 기쁨과 힘 넘치는 생명력, 운수형통, 성공, 태양이 뜨는 시기(운).

● 물질적 행복, 성공, 도달, 좋은 결혼, 행복한 재결합, 예술, 과학, 농업에 있어서 성취, 완성된 학습들, 해탈, 단순한 삶 속에서의 기쁨

● 전도양양, 해맑은 사랑

② 역방향

● 낙관이 시듬

● 태양이 지는

● 활동기(활약기)가 시들어 가는

● 운이 저무는

● 생산력 저하/생활 불안

● 구름이 낀 태양

● 실직 가능, 조용히 지낼 것. 나서지 말 것. 빽이 사라짐

● 결혼까지 가지 않는 사랑/이혼하게 될

● 활동기(활기)가 시들어감. 순수한 마음을 악용. 운이 저묾, 태양이 지는 시기(운).

● 미래 계획에 구름이 낀다. 결혼에 있어서 고통, 깨어진 약속, 직업이나 가정에 있어서 가능한 손실

● 사소한 골칫거리

● 우쭐되는, 마마보이, 득의양양, 잘난체 가능, 철부지, 사랑이 식어가는, 제멋대로(아파트에서 윗층 아이들이 쿵쾅거리며 시끄럽게 할 경우)

● 말썽꾸러기 아이들, 버르장머리 없는 아이들

20. 심판

• Judgement (Gabriel 천사)

• 가브리엘은 예언과 계시를 가져오는 천사이다. 그는 죽었던 것을 부활시키고 잠들어있는 것을 깨워준다.

• 천사: 구원자, 소식을 전해주는 사람, 조력자

• 구름: 미지, 초월

• 나팔: 소식, 칭찬, 선택

• 붉은 십자가: 구원

• 열린 관과 물: 물상법적으로 목욕탕

• 물: 무의식

• 알몸의 사람들: 진솔하고 솔직함, 진솔한 대화소통

• 천사의 날개: 비행

① 정방향

- 회복하는/부활의
- 재기하는
- 재개하는
- 운이 열리고
- 좋은 소식이 오는

- 한번쯤의 고비를 겪은 후 인생 역전하는
- 칠전팔기의, 하던 일 다시하기
- 각성/깨어남/합법적 판결의
- 모두 알몸으로 솔직하고 진솔하게 대화를 나눌 것
- 되살아나는 사랑/사랑의 기적
- 여자에게 우선권/여자 편을 들어주는
- 건강회복. 육체적 부활. 여자에게 우선권.
- 여자의 손을 들어줌[6]. 여자편이 맞음.
- 잘 살아온 삶, 잘 행해진 일, 각성, 재기가능, 합법적 판결이 이루어진다. 우주의식과 결합하게 될 개인의식의 변화.
- 청첩장 보낼 것, 교수의 강의, 사랑의 재회, 부활, 재기, 소식, 소문, 진실, 용서, 속죄, 이벤트, 강사(교수), 적십자 직원, 음악과, 약장수, 카운셀러, 교육업체, 목용탕, 장의사, 재회, 다시만남.
- (물상법적으로) 기침 감기와 몸살
- 남친이 여친을 칭찬해 주는

② 역방향

- 재기 불능의
- 환멸의
- 나쁜 소식의
- 지긋지긋한
- 나쁜 소식을 받게 되는
- 지루한 연애
- 헤어짐/이별/이혼
- 다시 시작해도 같은 잘못을 하게 되는
- 채용되지 않는

6) 천사가 나팔을 여성에게 불어줌. 역방향은 반대로 남성에게 불어줌.

- 남자에게 우선권. 남자의 편을 들어줌. 남자 편이 맞음.
- 재기불능, 지긋지긋함, 반복되는 실수
- 나약함, 망상, 죽음의 공포, 행복을 발견하지 못함, 분리, 이혼, 세속적 선함의 가능한 손실
- 재회 불가, 헤어지 사람 다시 못만남, 여성이 남성의 사랑을 지나치게 원하는
- 남친이 여친을 칭찬하지 않는

21. 세계

- 나체의 여인: 있는 그대로의 모습, 솔직함
- 완즈: 권위와 마법력
- 월계수 모양의 타원: 반노롤라, 치유의 에너지
- 보라색: 영적 치유 에너지
- 뫼비우스띠: 영적 치유의 에너지
- 만도롤라 : 무한히 에너지가 나옴을 의미
- 인간 : 사랑(Cups)
- 황소 : 근면, 성실(Pentacles)
- 사자 : 용기(Wands)
- 독수리 : 지혜(Swords)

① 정방향

- 완성의
- 해외의
- 수출/수입의
- 해외 무역/해외 유학/해외 부서/해외 시장개척
- 목표달성의
- 사람들(직원들)의 도움을 받는
- 정신적 완성의
- 성실하고 용기있고 대인관계 원활하고 지혜로운

- 선생을 제자들이 잘 모시거나 우러러 보는
- 선생과 제자들 간의 마음이 일치하는
- 완성. 해외 유학감. 해외시장 개척. 해외부서, 수출과 수입 관련, 장기적 목표달성
- 완성, 보답, 성공, 모든 일에 있어서 승리, 여행, 거주지의 변경, 우주의식 상태의 도달, 해탈의 길
- 여러 사람들에게 주목받음
- 토론 · 토의 · 심포지움
- 코스모폴리탄
- 자기만족을 알다. 관심, 칭찬, 시선 등을 받다. 협상, 성숙한 사랑, 홀로 즐길 줄 알다. 탁상에서 화기만발한 회의와 토론, 우물안 개구리, 공주병, 꽃미남, 꽃미녀, 성숙한 사랑, 선생과 제자가 마음일치가 됨.
- 이 세계 카드는 결혼의 카드이다.

② 역방향

- 미완성될 가능성이 있는
- 국내로 들어오는
- 국내 부서/국내 활동의
- 도중하차
- 슬럼프에 빠지거나 미숙함으로 좌절하는
- 아직 성취해야할 성공
- 비전 부족으로 인한 애매한 태도
- 물상법적으로 함정에 빠지는
- 미완성될 가능이 있음(주로 정방향의 의미가 부정되거나 방향이 바뀜). 국내로 들어옴. 국내부서
- 아직 얻어져야할 성공, 변화 또는 여행의 두려움, 거주지나 직업에 지나치게 집착함. 비전의 부족.

• 눈총을 받다. 시선이나 주목 받기를 원한다. 구설수, 사랑의 함정, 탁상공론, 주변 친구나 동료들의 배신, 함정에 빠지는(구설수), 우물안 개구리

2. 마이너 아르카나 키워드

1. Ace of Wands

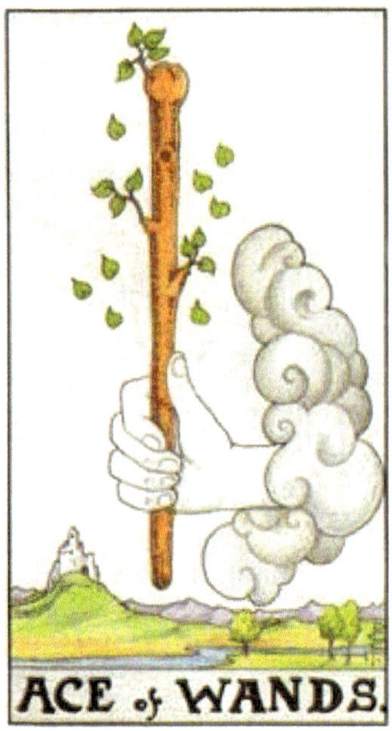

성: 집, 안식처, 보호
한 개의 지팡이: 새로운 열정의 시작, 애인, 직장 보스
요드 : 직장부하, 직원
구름 : 미확인, 정체불명
흰손 : 신의 손, 애인

① 정방향

- 위대한(큰) 열정/열정의 시작
- 큰 일(사업)을 도맡는 것
- 창조적 시작, 창의력
- 열정을 믿고 일을 하라
- 아들을 낳는다.
- 새로운 프로젝트를 실행할 수 있는 열의
- 세상 바깥으로 열정을 발하라
- 힘, 홍분, 성적욕구, 열망 등을 힘껏 발산
- 열정적으로 새로운 세계로 나아감

- 발명
- 가정의 시작
- 여행, 이사, 모험의 시작
- 열정을 믿어라. 열정의 시작, 열정을 가지고 새로운 세계로 진입
- 의지표출, 하고싶은 의욕 고취
- 자극, 충동이 일 시작으로 연결
- 주도권 잡음
- 더 넓은 세계로 나아가기 시작
- 내가 먼저 적극적으로 행동해야 함
- 새로운 마음과 시작하는 마음으로, 씨앗을 뿌리는 마음으로 일이나 활동 개시
- 일단 시작하고 보는, 움직이는 것을 좋아하는 행동파

② 역방향

- 시작부터 의지와 열정을 꺾다.
- 열정을 잃고 포기하게 됨
- 잘못되거나 거짓된 시작
- 열정의 오용/남용/악용/과용/미달
- 열정에 대한 의심
- 열정 에너지에 대한 확신 부족
- 구름 낀 즐거움
- 지연된 여행
- 믿음을 저버리며 활발하지 않고 적극적이거나 확신에 차지 못한
- 열정과 의욕에너지의 차단(의욕상실)
- 새로운 기업 정신의 취소
- 잘못된 시작
- 열정에 대한 의심, 거짓된 열정의 시작

- 충동을 접음
- 자극 없고 권태로운 생활
- 부부생활에 지루함과 권태기
- 독창성을 발휘하는 일에 취약함
- 동기부여가 없음
- 확고한 목적 없음

2. Two of Wands

붉은색 모자: 권력에 대한 열정, 권력 추구로 인한 스트레스, 성욕, 욕구불만
붉은 지붕: 가정풍파, 스트레스 빈는 집안
꽃 : 여성, 여성성
바다: 해외, 유학, 강건너
성 : 안정, 안정된 위치, 집, 내집 마련(회색은 평화추구, 스스로 설계한 틀에 맞추려 하는, 미결정)
회색빛 고정쇠를 지닌 완즈: 늘 내실을 다지는, 항상 집안을 생각하는
회색빛 산: 지혜와 외로움을 넘어서
갈색 옷: 현실적 터전을 딛고 있는, 물질욕이 있는, 고난의 시기를 극복하고 물질적 안정을 얻은, 검소한 사람 (역방향: 물질적 욕망이 사그러든, 지금의 물질적 상황에 만족하는 또는 반대로 물질적 욕망을 불태우기 위해 움직이는)

① 정방향

- 야망의 실현
- 지배적이며 야심에 찬 중견간부
- 야망과 사랑사이에서 야망을 선택
- 사랑보다 성공을 선택

- 사회생활(야망)과 가정생활(애정)중에서 사회생활 중시
- 외면을 내면보다 중시
- 대담하고 지배적인 성격의 야심가
- 두 가지 문제나 일중에서 한 가지를 선택하라
- 두 가지 일로 스트레스 받지 말라
- 남자의 지배적 욕망으로 여성의 순결성을 제압/지배/정복
- 과학적 지식과 발명가적 기술이 있다.
- 기업을 시작 하는데에 있어서의 용기와 대담함
- 친절하고 관대하지만 마음 한편으로는 거만하고 용서하지 않는 양면적 본성
- 또 다른 것에 대한 영향(투자)
- 두 가지를 목표로 설정함. 둘 중 한 가지를 선택하라. 두 가지 이상의 일로 스트레스를 받지 마라
- 과거를 버리고 미래로 나감
- 외부활동과 내실기함 사이의 갈등(외부활동 선택)
- 유학을 가고자 원함
- 과학자, 발명가 기질
- 작은 것을 보려고 하지말고 큰 것을 보려고 하라.
- 안전한 울타리, 제도 밖으로 나가 개척을 소망
- 미래지향적 태도

② 역방향

- 야망의 상실
- 좋았던 시작이 불리하게 되어가다
- 이해타산 능력이나 계산 능력이 별루다.
- (여성이라면) 남성의 구속으로부터 벗어나다.
- 여성이 구속에서 해방되고 내실을 중시하게 되며 가정을 생각함

- 외면보다는 내면을 소중히 할 것
- 장애와 문제로 좌절하거나 성공하지 못함
- 안절부절 하지 못함
- 옹고집
- 두려움
- 육체적 고통
- 좋은 시작은 내담자에게 거스른다.
- 두 가지 문제나 일에 매달림으로서 곤란을 겪다.(에너지 낭비)
- 과거에 얽매여 앞을 바라보지 못 함(과거에 얽매이지 말 것)
- 현재의 울타리, 제도에만 머물거나 안주하려고 함
- 벤처사업이나 모험하지 말고 현재 다니는 회사에 충실할 것

3. Three of Wands

세 개의 배 : 많은 무역후 결과, 수익, 노력후 보답
체크무늬: 설레임
흰띠: 숙고
언덕: 믿음, 지원, 후원
쥐고 있는 완즈: 믿음, 협력, 동반자
녹색과 붉은색옷 : 힘과 풍요

① 정방향

- 무역이나 상업에 있어서 유리
- 노력했던 댓가가 열매로 맺어짐
- 프랜차이즈나 체인점 경영 유리
- 사업의 규모를 확대하라
- 연인(또는 누군가)을 기다림
- 고향을 그리워하다.
- 자존심과 오만함에 대한 주의
- 파트너쉽
- 성공적인 상인이 도움을 제공할 수 있다.
- 확립된 힘, 고귀함, 부, 힘
- 무역업, 회원제 사업, 체인점.

- 물질적 . 심적 지지기반 있음

② 역방향

- 감추어진 목적을 가진 자의 보조
- 도움 받는 것을 조심할 것
- 의지하지 말고 배신을 조심하라
- 무리한 계획
- 고향에 대한 추억을 잊어라
- 사업을 축소할 것
- 기반, 터전, 발판이 붕괴되거나 와해됨
- 예상된 실적이 달성되지 못함
- 부는 빠져나갈 것이다.
- 배반과 실망이 있을 것 이다.
- 도움 받는 것을 조심하라, 의지하지 말라,
- 대부 받지 미리
- 기업의 규모를 더 이상 늘리지마라.
- 고향을 벗어나지 마라
- 지지기반 없음
- 바라만 보고 있는
- 자금줄이 막힘

4. Four of Wands

4개의 지팡이: 문지방, 대문기둥, 펼쳐라, 문을 열어 제쳐라. 전진하라. 나아가라. 확장하라.

성: 아파트, 납골당, 집, 공무원, 안정, 주택청약, 집값 상승 (역방향일 때는 집값 하락)

농부: 고생, 노동, 수확, 결실

두 남녀: 재결합

꽃과 꽃다발 : 화원, 축하, 웨딩, 웨딩 플래너

① 정방향

- 건설적인
- 화목과 화합의
- 안정적이고 번영을 누리는
- 고향에서의 사업이 좋은
- 행복한 동업, 행복한 화합과 귀향의
- 재결합의, 헤어졌다가 다시 만나는(심판 카드는 재회하는데 시간이 걸리나 4 완즈는 좀 더 빠르다)
- 노동의 결실
- 만족스러운 결혼
- 완벽한 일
- 노동후의 휴식

- 평화, 번영, 조화
- 로망스, 다가올 결혼, 결혼 성공.
- 꽃장사, 채소장사, 납골당 등 모두 좋음
- 축제 . 결혼 기획 길함, 웨딩플래너
- 대외활동할 것, 영업운이 좋은, 펼쳐라 펼쳐라

② 역방향

- 빛바랜
- 시들어가는
- 불안정한 로맨스
- 사랑과 화합이 식어가는
- 미완성의 행복이나 성취되지 못한 사랑
- 되찾을 수 없는 아름다움
- 지나간 로맨스
- 평화와 번영과 성공이 사라질 수 있음.
- 성취되지 못한 사랑.
- 가정풍파, 집에서 나옴
- 가출, 집을 잃음, 주택난 문제
- 부부 모두 전세나 월세에서 쫓겨남
- 가정 경제가 흔들림

5. Five of Wands

- 얽혀있는 5개의 지팡이: 펜타클을 만듬, 분규, 분란, 혼란, 격렬함,
- 모자: 주인공, 권위
- 아이들의 다리: 책상다리
- 빨간옷 아이:주인공으로 갇혀있는 상태

① 정방향

- 싸움과 경쟁의 카드
- 다치지 않는 격렬한 싸움
- 장난 같지만 진짜 같은 싸움
- 경쟁자들이 많은(경쟁)
- (성욕 등 다양한) 욕망에 휘말려 있는
- 싸움과 경쟁의 카드
- 격렬한 투쟁 (싸울 때는 싸워라)
- 삶의 야영지에서 대담함은 상황을 더 좋게 만든다.
- 직장일이 버겁고 힘들다.
- 장애, 방해, 소송
- (다치지는 않는) 격렬한 싸움, 장난 같지만 진짜 같은 싸움.

- 협력자와의 갈등. 불일치와 부조화. 힘든 상황.
- 격동하는 욕망들
- 다루기 어려운 여러가지 내적 욕망의 갈등
- 열띤 토론
- 일이나 성취에 있어서 차질과 지연이 발생 (일이나 성취가 중도 정체됨은 '매달린 사람' 카드)

② 역방향

- 주의는 하되 힘든 상황은 아니다.
- 진짜 같지만 장난 같은 싸움
- 중요한 문제로 생각하지 마라
- 싸움 후의 휴식
- 새로운 비즈니스 기회
- 장애와 방해를 극복한 후의 성공
- 진짜 같지만 장난 같은 싸움. 힘든 상황은 아님. 중요한 문제로 생각하지 마라. 개인적 혹은 그룹간의 갈등에 대한 두려움.
- 싸움 후 진정상태, 소강상태 (또는 싸움 후 후유증)
- 모여서 토론하고 이야기를 나눈다.
- 욕망이 사그러 들다. 욕망이 식는, 약한 욕망.

6. Six of Wands

● 월계관을 쓴 남자: 개선장군, 금의환향, 정복자. 승리자.

● 백마: 사귀는 여성인데 바람둥이 여자

● 뒤의 부하: 의심스러운 동료, 암수가 있는 동료, 불충

● 월계관에 꽂힌 지팡이: 남녀의 성결합

● 녹색 융단: 남성이 제공하는 물질적 풍요

① 정방향

- 정복과 성공의 카드
- 사회승진의
- 여자를 성적으로 정복한 남자
- 여자를 좋아하는 다른 남자들이 숨어있음
- 하극상내지 암수가 존재하므로 주의할 것
- 좋은 소식
- 투쟁 후의 성공
- 노동을 통해 얻어진 기쁨
- 근면을 통한 성공
- 예술과 과학에 있어서의 진보

- 친구가 자신의 이익을 위해 삿된 목적을 갖고 도움을 주다.
- (주로 여성을 성적으로) 정복, 승리
- 암수(暗手)가 존재하므로 주의.
- 승리는 했으나 하극상이 일어날 조짐이 보임.
- 물질적 원조로 여성을 얻음
- 추종자들이 아직 본색을 드러내지 않음
- 불미스러운 일이 잠재되어 있는
- 여기서 백마는 마음이 나약한 여성을 뜻하며 초록색 융단은 남성의 물질적 공세를 의미하기도 함.

② 역방향

- 하극상과 암수가 겉으로 드러나는 불충(不忠)
- 부하 말을 믿으면 안되는 (부하가 말을 안듣는)
- 승리는 했으나 찜찜한 승리
- 신의없고 믿을 수 없는(추종자들이 본색을 드러냄)
- (승리, 이득, 결말)을 얻기에는 힘이 부족한
- 과시욕을 버려라
- 과신하지 마라
- 보답이 지연된다
- 승리자의 오만함
- 성공적인 적을 경계하라
- 승리하기에는 힘이 부침. 이득/결말을 내기가 힘듦. 좋지 못한 정복, 좋지 못한 소식.
- (후배나 동료가) 괴롭힐 때 많이 나오는 카드
- 구테타 • 약한 면이 드러남

7. Seven of Wands

- 짝재기 신발 : 서두름, 대타, 자기가 있어야할 곳이 아닌 다른 곳에 와 있는, 허둥지둥
- 산과 물 : 뇌와 뇌수
- 가운데 두개의 지팡이 : 사타구니 공격, 성농락, 성희롱
- 한 개의 들고 있는 지팡이: 집중력으로 막아냄
- 녹색 옷 : 성장과 풍요, 물질적 번영을 위해 노력

① 정방향

- 방어의 카드 (산위의 왕 카드)
- 열정을 다스리려는 노력
- 가까스로 성공하는
- 맞서싸울 의지
- 성희롱의
- 진흙탕에 발빠짐
- 남의 일이나 의견에 참견하다
- 남의 일을 대신 떠맡아서 열정을 다해 일을 하다.(아버지의 일을 대신하는 아들)
- 용기를 통한 승리
- 반대편들에 대한 성공

- 내담자는 우월함에 위치에 있다.
- 사업이나 무역에 있어서의 경쟁(레드오션)
- 어떤 성공
- 열정을 다스리려는 노력. 불같은 성격을 다스림, 방어에 가까스로 성공
- 괜히 남의 일에 발벗고 나서는
- 준비도 되지 않은 상태로 엉겁결에 나서는
- 섣부른 애정방어
- 해야할 일이 있는
- 1등을 위협하는 여러 경쟁자
- 서둘러서 참견하는, 쓸데없이 남에게 참견하거나 간섭하는
- 참견하지 말아야할 상황에서 참견하는, 자신의 일이 아닌데 참견하는
- 자신의 위치를 지키는데 어려움이 있는
- 섣부른 행동, 준비가 안되어 있는(어설픈)
- 욕망을 제대로 조절하지 못하는(할 필요가 없는 것을 하는)

② 역방향

- 경악과 낭패
- 부하들이나 동료들 그리고 경쟁자들이 치고올라옴
- 열정을 다스리지 못하는 상황
- 망설임 때문에 발생하는 손해
- 의지박약
- 무지와 구실
- 내담자는 위협받는다
- 비결정과 우유부단함에 대한 주의와 경고
- 열정을 다스리지 못하는 상황, 방어 실패, 망설임

- 극심한 경쟁(레드오션 전략)은 피하는 편이 낫다
- 믿는 도끼에 발등 찍히는
- 의지가 꺽임
- 성농락 당함

8. Eight of Wands

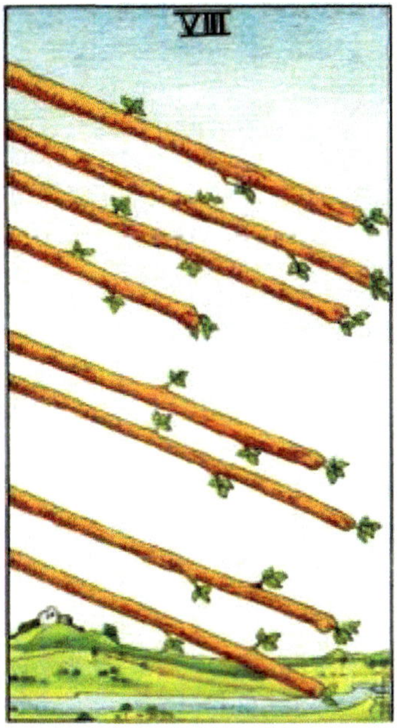

- 8개의 지팡이: 낙하, 추락, 메일발송, 큐피트의 화살, (물상법적으로) 틀니
- 1개의 작은 지팡이: 완급조절
- 강 : 바다를 건너, 해외여행

① 정방향

- 이동과 전진의 카드
- 신속함, 신속할 것
- 일이나 문제를 빨리 처리할 것
- 이동수, 여행수
- 전입, 전출, 부서이동, 근무지 이동
- 승소
- 완급조절을 하면서 신속한 전진
- 매우 빠른 진보
- 이동중에 있는 상황
- 신속한 의사소통(이메일, 편지, 메시지, 전화, 핸드폰)
- 사랑의 큐피트 화살(연애편지)

- 목적에 대한 접근
- 비행기를 타고 공중으로에 여행
- 열정이 점진적으로 하강
- 메세지, Email, 전화, 핸드폰으로 사랑의 메시지 전달
- 완급 조절하라.
- (시험에서) 떨어짐 (지팡이가 떨어지고 있는 물상법으로 볼 때)
- 열정(의지, 의도, 의욕, 성욕)이 누적된, 에너지 표출
- 내담자가 사랑을 매우 갈구할 때 나오는 카드
- 어뢰, 미사일 발사(Page of Wands는 미사일 발사대)

② 역방향

- (말을 너무 빨리해서 겪는) 언쟁의 고난
- 서둘지 말라.
- 정체, 지연, 침체
- 변화 없음
- 가슴의 일이나 비즈니스 일에 있어서에 침체
- 시기 질투의 화살
- 열정의 상승(천천히...)
- (말을 빨리해서 일어나는) 언쟁의 고난,
- (너무 신속해서 받는) 질투. 너무 지나치게 빨리 처리하지 마라.
- 애정(사랑)의 침체, 슬럼프

9. Nine of Wands

- 쥐고 있는 지팡이: 애인, 현재 다니고 있는 직장, 현재 사는 집
- 뒤의 9개의 지팡이: 경쟁자, 직장 사원들, (남친 에게는) 여친의 주변 남성들
- 녹색 군화: 저력, 힘
- 흰붕대 : 스트레스, 정서적 불안, 정신적 힘겨움.

① 정방향

- 싸움에 지친
- 고투중의 휴식의
- 경쟁자를 두려워하는
- 경쟁자를 의심하는
- 이성친구를 두려워하거나 의심하는
- 경계를 취하면서 방어하는
- 준비, 과묵 속의 힘
- 궁극적인 승리이지만 꾸준한 힘이 제공되어야 한다.
- 완고함, 힘, 정력, 건강
- 싸움에 지친/고투 중의 휴식
- 주변 눈치를 살펴야 하는 상황(상황을 계속 살펴야 하는 상황)

- 눈총 · 괴롭히는 사람들이 많음
- 목표의식이 사라질 가능성이 있는
- 내담자가 남성일 경우 여친에게 남성들이 많을 때 나오는 카드
- Page of Swords 카드처럼 ‘경계심’을 넘어 ‘의심’이 있는 카드

② 역방향

- 장애물과 역경
- 체력의 약화
- 경쟁자들에 의해 압도당하다.
- 극복에 장애가 닥치다.
- 나약함, 질병, 역경, 불만족
- (남의 열정을) 의심하지 말라.
- 주변의 눈총에 굴복하다
- 가지고 있던 애인이나 열정을 빼앗기는
- 눈치보다 큰 코 다치는 상황

10. Ten of Wands

- 10개의 완즈 : 과부하된 짐, 버거운 짐,
- 완즈에 파묻은 얼굴: 방향감 상실, 목표 상실, 무 • 대포, 서돌적인, 비전 상실
- 성큼성큼 걷는 발: 서두름
- 갈색 옷 : 물질적 욕망, 세속적 욕망, 금전적 욕망
- 성: 안식처, 보금자리

① 정방향

- 압박의
- 너무 지나치게 몰아붙임
- 무리수, 무모한, 저돌적인
- 패소하는
- 지나친 과부하
- 재촉과 닥달하는
- 죽기 살기로 올인하다
- 너무 서두르는데 서두르지 마라
- 맹목적으로 무리한 시도를 하고 있다
- 힘과 에너지가 이기적인 목적으로 사용되다
- 현명하게 사용되지 않는 힘

- 잘못 규제된 힘으로 짐을 짊어지다
- 여기서는 또한 불에 의한 정제된 시험 즉, 고통에 의해서 시도된 마음(마음이 고통으로 시달리다)
- 곧 해결될 문제
- 너무 성큼성큼 빨리빨리 앞을 안보고 방향감 없이 전진하다
- 일을 열정적으로 지나치게 몰아붙임, 열정, 압력, 정신적 부담(Load)
- 여성 내담자의 경우 남친의 성욕과 정력을 다 받아줘야하는 상황
- 너 죽고 나 살자. 사서고생하는
- 자신의 책임 뿐만 아니라 남의 책임까지 떠맡는(남의 짊을 대신 짊어지는)
- 쓸데없이 책임감만 많은
- 가족의 짊을 대신 떠맡다. (타인을 돕고자 하는 마음이 강한)
- 혼자서 다 할려고 하는
- 발을 헛딛음
- 일하는데 요령이 없음
- 외부적 압박으로 너무 부담을 많이 받는데 이는 역설적으로 세속적 욕망이 큼을 암시 (욕망을 줄일 것)

② 역방향

- 짐에서 벗어난
- 승소 가능성의
- 쉬엄쉬엄 일하다 쉬다하면서 진행하다
- 압박에서 벗어난
- 모함, 분리, 이주
- 소송이 임박해 있다면은 어떤 손실이 있을 것이다
- 달려가지 말 것, 기다려라

- 정신적 어려움으로부터 벗어남, 달려가지 말 것, 기다릴 것. 육체적 힘겨움.
- 밀어 붙이지 말 것 (단계적으로 차근차근히 진행)
- 돈은 나누어서 갚아라.
- 부담을 놓아라. (부담에서 벗어남)
- 일하는데 요령 . 계획적으로 나아감

11. Page of Wands

• 지팡이 : 사랑하는 연인, 주로 남친, 꼿꼿히 펴친 척추, 남성의 성기, 팀원, 팀, 집,

• 갈색깃털 : 창의력, 자신의 기술과 노하우

• 살라만도 : 열정(순수한)

• 피라미드 : 여행, 타향살이, 외국

① 정방향

• 연인에 대한 각별한 사랑의

• 당신과 입장이 일치하는

• 아이디어를 팀에게 투사하는

• 믿음직스러운

• 용기와 아름다움

• 사랑 또는 분노(애증) 속에서 찾아온 본성 (여성 내담자의 경우 남성의 정력과 정욕을 긍정적인 마음으로 바라보고 사랑해 주는 입장)

• 힘에 대한 갈망, 열정

• 메신지나 우편배달부

• 시대를 나르는 자

• 이 카드가 사람을 대표하는 카드 옆에 나타난다면 그와 관련된

호의의 증언이 있을 것이다

- 열정적으로 애인을 사랑하고 관심을 갖는 사람
- 연인에 대한 각별한 사랑, 믿음직스럽고 충성스러운 사람(한 사람만 바라보는 연인이나 배우자)
- 순수하고 가식없는 사람
- 호기심과 모험심 있는 젊은 사람
- 발전 가능성이 많은 신입사원(주로 창의적인 분야에서)
- 이미지에 보이는 세 개의 산은 '넘어야할 산(과제, 도전, 프로젝트)'를 암시함
- 이 카드는 주로 시종은 여성을 완즈는 남성을 상징함
- 완즈의 다섯개의 잎사귀는 5명의 똑똑한 부하를 암시한다.
- 입장이나 의견이 서로 일치하는 사람
- 자신의 에너지를 소중히 여길 것
- (아이디어를 팀에게 투사하는) 기술이사가 직원이나 팀원에게 기술전수를 해줄때 나옴 (여기서 완즈는 팀을 나타냄)
- 완즈는 프로젝트, 팀, 열정, 정력 등등으로 상징 치환됨.

② 역방향

- 당신의 마음을 아프게할지도 모르는 사람
- 연인에 대한 사랑이 식은
- 믿음을 저버리는
- 잔인하고 불안정하고 지배하려는
- 당신이 여자라면은 그는 당신의 마음에 상처를 줄 것이다
- 나쁜 소식을 알리는, 별로 반갑지 않은 소식
- 당신의 마음을 아프게 할지도 모르는 사람.
- 창의력 발휘가 힘듦
- 두려움이 호기심과 모험심보다 앞섬

- 우유부단한
- 들러리 밖에 안되는 사람
- 위험한 호기심

12. Knight of Wands

- 적토마: 맞벌이 부부, 커리어 우먼, 이동수, 일을 벌이기 좋아하는, 여친
- 등뒤의 붉은 깃털 : 흩날리니, 즐거움
- 갑옷 : 보호
- 살라만도(꼬리를 물지 못하는) : 미숙한 열정, 번 뇌, 잡념, 생각이 많음
- 피라미드 : 여행, 외국여행, 고고학

① 정방향

- 열정의 메신저
- 여성에게 대쉬
- 거처의 변경 (주소지 변경)
- 한 곳에 머무르기를 싫어하는
- 미지를 향한 진척
- 열정적 에너지가 가득한 젊은 청년
- 기사도 정신을 가진 관대한 친구이자 연인
- 때로는 종종 잔인하고 야만적일 수 있다
- 그가 한 모든 행동에 대해서 서두른다
- 스프레드에서 기사들은 또한 문제에 오고감을 의미할 수 있다

- 여성을 찾아 나서기, 화려한 옷을 입고 글씨 쓰여 진 옷을 입고 여성에게 접근. 몸으로 애정 표현 잘 할 것
- 직업으로는 경찰, 모험가, 영업직
- 유머감각 풍부하고 괄괄하나 뒤끝없는 성격의 소유자
- 활동적이고 어느정도 책임감 있으며 노력하는 사람
- 자동차를 타고 여행을 좋아하며 혼자 떠나려고 하는 사람
- 구속받기 싫어하고 이상이 높음, 돈키호테 성향
- 간 적 없는 분야(시장) 개척

② 역방향

- 방해와 결렬
- 연인 사이가 틀어지는
- 결렬의
- 연인이 되고자 하는 사람은 시기심을 일으키고 갈등을 조장한다
- 불일치, 좌절, 에너지 부족
- 방해받은 일
- 시끄럽고 뒷정리 안 하는 사람
- 모험하기만 좋아하여 가정을 돌보지 않음
- 방해와 반대에 부딪침
- 허장성세가 심함
- 성공 불투명한 일에 무모하게 뛰어듦
- 자신감 흔들림
- 용두사미
- 연인과 사이가 안 좋아짐
- 새로운 곳에 다가가기 애먹음

13. Queen of Wands

- 완즈: 자기확신
- 사자: Leo 별자리, 권위
- 해바라기: 성장과 발전을 위한 열망, 개인적 매력
- 검은 고양이 : 직관, 관찰능력, 꼴보기 싫은 남편, 의심, 관능, 잔인함, 어둠의 힘, 왔다갔다하는 남친, 고민 많은 직원

① 정방향

- 커리어 우먼, 열정과 동점심의 여인
- 프로페셔널하고 신뢰할 만한
- 의부증이 조금 있는
- 남을 조금은 의심하는
- 그녀는 그녀가 원하는것을 끌어들일 위대한 힘을 가지고 있다
- 마음과 몸속에 풍요로움이 있다
- 가정과 본성을 사랑하는 그녀는 돈의 실용적이고 사업적 판단 능력에 있어서 현명하다
- 그녀는 여인을 대표하지는 않지만, 그녀는 이러한 특성을 대표한다. 즉, 일을 착수하는데에 성공. 가정을 사랑하고 남을 기르는 것을 좋아한다. 친절과 관용이 있다

- 의부증이 있음. 의심과 열정의 여왕
- 낙천적인 성격의 여인
- 괄괄한 성격, 유머감각 있으며 뒤끝없음
- 영적, 직관적 성장을 위한 도구로써 절제력을 실행하라
- 검은 고양이는 꼴보기 싫은 남편이나 비밀 또는 음흉함을 뜻한다.
- 부하(검은고양이)와 자신이 나누어서 망을 보는, 경계심을 갖는
- 해바라기는 돈과 희망 그리고 사랑을 의미한다.
- 두의 두 마리 사자가 해바라기를 놓고 다투는 것은 여왕에 대한 사랑을 얻기 위함
- 내재된 오오라(aura)를 중요시해라
- 무리에서 우위에 있는 여성
- 집안일보다는 바깥일에 뛰어난 커리어 우먼

② 역방향

- 변덕스러운
- 마음의 기복이 있는
- 의부증이 심한
- 지배하는, 완고한, 보복하는, 복수심이 있는
- 원인 없이 또 다른 사람에 대항해서 갑자기 배반할 것 같은
- 결혼 했다면 충실한 가정살림을 하지 않을 수 있다
- 마음의 기복(변화), 의부증이 중함
- 주도권을 상실한 여성
- (이성 관계에서)미련밖에 안 남은 여성
- 가까이 있는 이성에게 관심을 가져라
- 화가 나면 욱하는 성질이 불같이 일어나는
- 직관과 통찰력을 너무도 당연시하거나 인식 못함
- 형제끼리의 다툼 종식, 소강상태

14. King of Wands

- 주인공: 자부심강한 아버지
- 로브 : 권위, 옷장사
- 사자와 살라만도: 성장과 새로운 시작, 정력
- 사자 : 자존심, 열정, 남성적 힘, 정력,
- 양자리 별자리: 삶에 대한 열정, 타인들에게 성장과 잠재능력을 고무시킴
- 도마뱀 : 의심, 왕따, 밉상스러운 제자, 직원

① 정방향

- 믿지만 거리를 두는
- 생활력 강하고 성실하고 열정적이고 직장일 잘하는
- 대체로 믿음직스러운
- 끝맺음을 잘하는
- 잡념이 많은
- 약간의 초조, 불안, 의심이 있는
- 의처증이 조금은 있는
- 잘생기고 열정적인 그는 마음과 몸에 있어서 기민하다
- 신사이고, 일반적으로 결혼한 사람

- 충직하고, 고귀한 그는 좋은 가정을 이룬다
- 종종, 그는 너무 서두른다
- 어떤 사람도 카드 스프레드에 나타나지 않는다면 당신은 이런 특성을 발견할 것이다. 정직, 우정, 열정
- 이 카드는 뜻 밖의 상속을 의미할 수 있다. 좋은 결혼
- 숨겨진 번뇌가 있는 남편, 약간의 의처증이 있음, 의심과 열정의 왕
- 정통성을 중시하지만 새로운 사상에도 유연하게 적응
- 창의력이 대단함
- 창의적이고 주도력 있는 리더가 나서야 할 때
- 중대한 결정을 내려야 함
- 발로 뛰는 교수 또는 발로 뛰는 경력자
- 도마뱀은 불길한 예감, 징조를 암시한다.

② 역방향

- 지나치고 과장된 생각들, 지나치게 정력이 강한
- 잡념이 너무나 많아 편견이 있고 독선적인
- 의처증이 강한
- 초조, 불안, 의심이 좀 많은
- 관대하지 않은, 편견의, 나쁜 성향의
- 심각하고 무례한
- 번뇌가 많은 남편, 의처증이 중함.
- 결정권이 없거나 결정을 못 내리고 망설임
- 독단적이기 그지없음, 성미가 괄괄하고 화를 참지 못함
- 없던 동정심과 이해심이 생겨 진중하고 금욕적인 사람이 됨
- (특정 여성에 대해)영향력을 상실함
- 지나치게 일을 많이 하거나 시킴

1. Ace of Cups

- 비둘기: 응답, 반응, 협조, 수락
- 컵: 우정, 프로포즈, 선물, 사랑
- 흰 손 : 순수한 제안
- 흰 구름: 가려진 정체성, 비밀, 순간적인
- 연꽃 : 대중, 백성, 일반인
- 바다 : 무의식, 집단무의식

① 정방향

- 사랑의 시작
- 감성과 자비의 시작
- 기쁨과 풍요
- 성취와 완벽이 넘쳐흐르는
- 남을 아껴주는
- 위대한 사랑과 행복, 만족의 시작
- 생산성, 유익, 아름다움, 기쁨
- 가슴 따뜻한 사랑의 제안을 받았을 때 사랑의 에너지를(비둘기와 전병)

제공 해 줄 것

- 감성적으로 좋음, 감성과 자비의 시작, 풍요

- 술 한 잔이 도움이 된다
- 사랑의 싹이 트다
- 친구의 우정을 잘 받아들이고 맞이할 것(손은 친구의 우정, 비둘기와 성체는 내담자의 우정을 받아들이는 표시)

② 역방향

- 감성 에너지의 고갈이 있는
- 감정적으로 힘든
- 변화와 부식 그리고 불안정한
- 거짓된 마음
- 그릇된 사랑
- 구름낀 즐거움
- 사랑을 키우는데 있어서의 머뭇거림
- 감정적으로 힘듦, 거짓된 마음, 거짓된 기쁨
- 가장 사랑하는 사람을 만나지 못함
- 순수하지 못한 만남
- 조화를 꾀하려는 마음이 없음
- 첫 술에 배부르랴?
- 사랑이 식은
- 약이 효과를 못보는(약 효과가 없는)

2. Two of Cups

- 2개의 컵: 서로 물물교환, 우정의 교류, 사랑의 교류
- 사자: 생산물, 자녀, 창조품, 부산물, 낄끄러움
- 월계관 머리띠: 외국인임을 암시, 외국인과의 결혼
- 빨강색 주택: 전원 주택생활
- 남자: 먼저 프로포즈, 먼저 다가섬
- 여자: 기다림

① 정방향

- 결혼과 약혼의 카드
- 동업과 협력의
- 인연을 이어나가는
- 우정과 결합의
- 남성과 여성의 조화
- 화해
- 우정과 애정의 시작
- 친절한/온화한 영혼과의 아이디어와 계획의 균형
- 협력하고 있음. 남자가 먼저 프로포즈
- 단기간의 연애
- 마음을 서로 교환하여 일심이 되는

- 여기서 사자는 서약의 주재자(그리스도)

② 역방향

- 이혼과 이별의
- 거짓된 우정과 사랑의
- 협력과 동업관계가 깨지는
- 남녀의 애정관계를 부정적으로 바라보지 말 것
- 그릇된 사랑, 흩어짐, 어리석음
- 격렬한 열정
- 오해
- 협력하라. 남녀 애정관계를 부정적으로 보지 말라.
- 겉으로는 연인이지만 속으로는 남

3. Three of Cups

- 흰 옷 여인: 순수여인, 주인공
- 노랑 색 옷 여인: 독기어린 눈, 찜찜한 마음을 간직한 여성
- 호박: 과일가게
- 빨간 색 옷 여인: 중립자이면서 귀인

① 정방향

- 축배의 시기지만 약간은 찜찜한 축배
- 술을 많이 먹는
- 문제의 해결과 만족스러운 결과의
- 성공, 풍요로움
- 사치
- 접대
- 행운과 승리, 일을 착수 하는데에 있어서의 행복한 안건
- 축제지만 조금은 찜찜한 축제, 악독한 여성이 컵을 바짝 들이 밀어 기분을 나쁘게 함,
- 좀 찜찜하지만 단합의
- 독살맞은 여성의 독기어린 시선이 있는 축제

- 인간관계를 위해 술자리 필요
- 회사 사람들과의 술자리

② 역방향

- 지나친 쾌락의
- 즐거움 속에 괴로운
- 사치와 과다함의
- 잘못된 즐거움의
- 즐거움을 잘못 즐기는
- 너무 지나친 감각적 탐닉
- 음식과 술을 지나치게 많이 마심(폭음, 폭주)
- 기쁨이 고통으로 변하다
- 성공이 재로 변하다
- 지나친 쾌락, 잘못된(가장된) 즐거움, 즐거움. 즐거움 속에 괴로움이 있음.
- 과도한 술문화(금주)
- 만취한 상태, 알코올 중독
- 겉은 즐거우나 속은 즐겁지 않은

4. Four of Cups

- 구름: 일시적인, 덧없는, 순간적인
- 구름 손의 컵: 새로운 제안, 프로포즈, 선물, 뇌물, 월급, 스카우트 제의
- 앞의 세 컵: 과거의 제안, 선물, 월급 등등
- 오른 발과 맞닿은 컵: 최근에 사귄 이성친구, 최근에 받은 월급, 제의, 프로포즈 등등

① 정방향

- 낙담과 실망의
- 피로와 혐오의
- 초연하고 무관심의
- 대인기피증의
- 체념과 실증의
- 과거에 집착하여 새로운 인연을 취하지 않는
- 사람의 인생에 있어서 침체기, 준비가 안 됨
- 포만감, 지루함, 물질적 성공에 있어서의 불만족
- 세속적인 즐거움에 대한 재평가
- 타인으로부터의 친절
- 컵 - 사랑을 받지 않는 모습을 상징, 이성에 대한 무관심. 피로와

실증

- 피곤, 실증, 고루한, 세상에 염세주의적인 자폐증
- 새로운 화장품(약)을 써라
- 현실세계에 참여하려고 하지 않거나 명상에 몰입하는
- 약간 우울하고 현실성을 드러내지 않는
- 과거의 사랑에 대한 애착(기존에 있는 것을 새로운 시각에서 바라보라)

② 역방향

- (컵을 움켜쥐므로써) 새로운 관계와 인연들
- 무의식 깊이 이성에 대해서 관심을 자져라.
- 익명자의 도움이나 원조
- 만족, 또는 사색의 기간으로부터 깨어남
- 새로운 관계가 이제 가능하다
- 새로운 목표, 새로운 야망
- 컵을 취함으로써 새로운 관계들, 새로운 지식, 무의식 깊이 이성에 대해서 관심을 가져라. 새로운 인연과 새로운 도움
- 소식을 기다림(연락/소식을 못받고 있는)

5. Five of Cups

- 쓰러진 세 개의 컵 :상처, 슬픔
- 세워진 두 개의 컵: 남겨진 우정
- 다리: 이동 통로, 또 다른 곳으로 건너감
- 성: 고향, 본사
- 검은 망토 : 외로움, 자기보호, 비장함, 슬픔.
- 강: 기억의 상처와 죄를 씻어줌. 과거 기억과 상처를 잊어라.

① 정방향

- 상심의 카드
- 사랑에 있어서 실연
- 부분적인 상실
- 진정한 의미가 없는 우정이나 결혼
- 불완전한 결합이나 동반자 관계
- 이혼과 홀로서기의 카드
- 홀로서기를 해야하는 상황
- 기쁨이 기대되었던 상황에서 슬픔
- 사랑의 환멸

- 결혼은 깨진다
- 우정의 손실
- 공허한 후회, 손실이 있지만 중요한 것이 남겨져 있다
- 부분적인 상실, 피를 흘릴 정도의 큰 육체적 감정적 상처, 비탄
- 혼자 있기를 원하며 자기보호를 해야할 필요가 있는
- 검은색 망토의 주인공은 묵언, 침묵, 홀로서기, 비밀지키기
- 쓰러진 세 컵은 상처받은 사람, 세워진 두 컵은 희망적 친구
- 희망을 가져라.

② 역방향

- 버려진 상처를 등 뒤로 한 남겨진 우정으로써의 작은 희망
- 재회와 재결합의
- 재혼, 회복과 복구, 화해하는
- 일반적으로 꽤 희망적이며, 회복과 갱생을 의미한다.
- 손실로부터 벗어나 당신의 삶을 계속해 나갈 수 있게 된다.
- 삶을 살기 위한 뜻밖의 보답이 있을 수 있다.
- 그리고 오랜 친구와 친척의 방문이 있을 수 있다.
- 당신 뒤에서 조용히 지원하는 동료를 발견할 수 있을 것이다.
- 즐거움의 회복
- 새로운 제휴나 연합이 형성된다
- 희망있는 기대
- (남아있는 두 컵을 통한) 희망적인 전망, 상처를 받을지 모른다는 생각
- 상심했지만 곧 일어나는

6. Six of Cups

- 앞의 4개의 컵: 이미 받은 월급, 선물, 뇌물
- 건네주는 컵: 월급, 선물, 뇌물, 우성, 교육, 사랑
- 뒤 돌단 위의 컵: 남겨진 보너스, 앞으로 받을 선물, 돈, 교육, 사랑
- 빨간머리 두건: 스트레스, 이해타산
- 노랑색 마후라: 반가움, 청순함
- 수평건물: 평등성, 평화, 여성성
- 수직건물: 위계, 서열, 질서, 보수적

① 정방향

- 어린날의 동심의 시절을 생각하라.
- 순수한 마음으로 선생이 순수한 제자에게 가르침을 주다.
- 과거 순수했을 때를 생각할 것
- 과거로 돌아가 화해
- 자기주도학습이 아니라 약간은 강요적인 주입식 교육
- 과거로부터 오는 행복감과 즐거움
- 새로운 지식과 새로운 기회
- 존경하는 사람으로 부터 온 선물
- 이 카드는 새로운 우정을 의미할 수 있다

- 유쾌한 기억들
- 유년시절의 친구나 친척과의 만남
- 추억과 과거 회상, 순수한 마음의 선생이 순수한 마음의 제자에게 가르침 전수
- 오래 전부터 알고 있었던 사람과의 프로포즈와 연애 혹은 결혼
- 배경의 수직건물은 명예, 질서, 위계, 서열, 권위를 뜻하며 수평건물은 평등, 박애, 평화를 뜻함
- 교회라는 전체성과 빨간색 주인공은 계산적이고 이해타산적이나 더 어린 주인공을 위해 공존, 공생, 상생, 윈윈(Win • Win), 자리이타를 이행하는
- 순수한 마음으로 교제하는 친구
- 추억을 간직하다

② 역방향

- 과거의 기억을 잊어라.
- 과거를 생각하지 말 것
- 복구와 부흥(과거를 새롭게 건설할 것)
- 구식 사상과 매너에 빠져 있는
- 무가치한 제휴
- 과거로 부터의 선물이나 상속가능
- 오래전부터 알던 사람과 사랑이 이루어지지 않음
- 보너스나 월급의 지체
- 도와주는 사람 없음

7. Seven of Cups

- 7개의 컵 : 욕망, 칸막이, (긍정적으로 볼 때, 주로 역방향으로) 보물, 하늘에서 준 행운
- 교만, 위선, 질두, 탐욕, 넝예욕, 재물욕, 게으름.
- 검은 색 사람: 정체불명의
- 구름 : 환상의, 막연한

① 정방향

- 잘못된 선택
- 공상과 헛된 망상
- 환영에 불과한 성공
- 사치와 탐욕에 빠져있는
- 공중누각(사상누각)
- 몽상
- 과도하게 일하고 있다는 상상
- 구도자의 힘들이 너무 분산되었다
- 이기적인 방탕, 당황과 방황
- 기만과 속임수
- 중요하지 않은 것으로 생각하라

- 환상, 망상, 한낮의 꿈
- 다양한 분야의 상상력
- 구획화, 구분화, 구역화(서로 방해 받지 않도록 할 것)
- 폭음, 술에 만취함, 술 때문에 의식이 몽롱한, 환각에 빠짐
- 천리길도 한 걸음부터 (너무 욕심내지 말, 많은 컵들을 다 얻으려고 하니)

② 역방향

- 꿈을 깨다.
- 현명한 판단
- 공상과 꿈을 현실화시켜라
- 좋은 결정
- 사소한 성공이 필연적으로 수반될것이다
- 새로운 의지와 결정
- 공상이 현실화됨, 현명한 선택
- 많은 것들 중에서 하나만 신중히 선택하는
- 술 먹은 후에 후유증으로부터 벗어남
- 상상력의 빈곤
- 보물이나 많은 지식이 하늘로부터 주어지다.

8. Eight of Cups

- 하나 빠진 컵 : 치아 발치, 뒷담화
- 8개의 컵 : 축배, 회식
- 양 산 : 양 폐
- 빨간색 옷 : 종양
- 일식: 일시적인 어려움, 분위기 다운. 사랑하지만 떠나는

① 정방향

- 노력의 중단
- 포기한 성공
- 여건과 환경상 장애가 있어 사랑하지만 떠나는 상황
- 잠시 칩거하러 들어가는
- 얻자마자 버려진 물건과 상황
- 장소에서 장소로 여행하는
- 원인 없는 비참함과 한탄
- 사랑에 있어서의 실망
- 구도자가 더 높은 곳을 위해 물질적 성공을 버려두고 떠나려는 갈망
- 컵을 8개만 쌓은 후 은둔하러 들어감,

- 노력의 중단, 포기한 성공, 도 닦으러 산속 으로 들어감[7]
- 술먹으면서 직장상사 뒷담화(주인공이 술안주가 되는)
- 사랑의 그리움/미련이 있다.
- 일시적으로 칩거하는 (은둔자 카드와 비교해 보면 일시적 은둔)
- 깊고 오래된 애정관계를 잠시 피하는

② 역방향

- 다시 돌아와 성공할 때까지 노력하다
- 축제와 명랑함의
- 노력을 계속하다.
- 성공에 대한 관심
- 새로운 사람
- 물질을 위해 영성을 포기 하다
- 그간 쌓은 컵을 완성하기 위해서 되돌아옴. 산속에서 돌아옴. 칩거에서 나옴, 하하라.
- 성공할 때까지 노력을 지속함.

7) 세계(World) 카드 역방향과 비슷한 의미를 지닌다. 세계카드는 목표달성 도중 환경에 의해서 중도하차를 의미하지만 Eight of Cups는 자신이 스스로 포기하는 것을 뜻한다. 하지만 언젠가 다시 돌아와 미완성된 것을 완성할 수 있음을 암시한다.

9. Nine of Cups

- 컵 : 약병(꾸준히 약 먹을 것), 트로피, 상패
- 빨강 모자: 고혈압, 스트레스 팔장낀 남사 : 왕사병, 자기노취
- 허름한 옷, 낡은 의자: 알뜰하고 자수성가 스타일
- 커튼 : 비밀의 장막
- (역방향) : 독수리: 잘못된 충성, 맹세

① 정방향

- (자수성가나 힘들게 노력하여) 물질적 획득의
- 건강하고 풍부한
- 극복된 어려움의
- 매우 감성적인 나이든 사람의
- 화합, 만족, 물질적 풍요
- 바램의 실현 카드(내담자가 원하는 것을 이룸)
- 물질적 복지
- 삶의 모든 좋은 것들이 이용 가능하다
- 성공, 매우 감성적인 나이 많은 사람(특히 남자). 물질적 만족
- 즐거운 술자리 시간
- 감각적 쾌락을 중히 여기는

- 그냥 있어만 주어도 만족하는
- 골동품상 주인, 연극배우, 영화감독, 약장수, 큐레이터, 박물관장
- 취중진담
- 호걸 + 한량 = 봉이 김선달
- 군림하는 사람, 깡패두목, 집주인

② 역방향

- (남친을 잘못사귀어서) 돈 손해
- 물질적인 상실
- 잘못된 신뢰
- 감성만 많은 나이든 남자
- 잘못된 인연으로 손실을 봄
- 그릇된 자유
- 몇몇 박탈과 질병이 있을 수 있고, 과식과 과음이 있을 것이다
- 내담자의 바람은 성취되지 않을 것이다
- 우울한 술자리
- 남친이 돈을 빌려 안 갚은
- 불법업자, 사기꾼
- 악덕 업자
- (주사:酒邪를 한다는 점에서) 술주정, 과음, 폭음, 술버릇이 고약한
- 남자(남친/남편)의 술주정이 지나친

10. Ten of Cups

- 컵 : 트로피, 행복, 약병(꾸준히 약 먹을 것)
- 빨강지붕 집: 활기찬 집 분위기
- 갈색 옷 남자/노랑색 꼬마/파랑색 여인/파랑색 꼬마: 돌싱들의 결합임을 알 수 있음.
- 꼬마들: 스케이트 타는 모습
- 전원 배경 : 정원 가꾸기
- 등 돌린 부부: 자신의 가족의 안위를 우선시함.

① 정방향

- 가족의 만족
- 감성적 기쁨의 극치
- 행복하고 화목한 가정
- Nine of Cups 에서 말한 관능적인 만족보다도 위로부터 고무되었기 때문에 지속적인 행복을 누리게 된다
- 인간사랑의 완벽함, 위대한 우정, 지속적인 성공, 평화 유지
- 계속 약 먹어라. 감성의 극한(10은 끝을 의미), 감성적 기쁨의 극치.
- 돌싱들 간의 결합, 두 가족의 결합
- 우정의 완성
- 좋았던 시절을 상기시켜라

- 안주하다. 가정만 지킬 줄 안다.

② 역방향

- 가족 내에서의 작은 싸움
- 가정의 기쁨을 소중히 하라
- 가정에 충실하라
- 우정의 상실
- 배반
- 낭비와 죄의식에 찬 만족
- (가정)작은 싸움, 가정화목을 소중히 해라
- 질병, 빚 등 골칫거리

11. Page of Cups

- 컵 : 감성, 마음, 사랑, 우정, 치유.
- 분홍 : 달콤함
- 화려한 옷: 디자인(학과), 의상, 의류
- 파랑색 모자 : 냉정한 지성, 지성에서 감성으로의 쿤달리니
- 연꽃 : 화려함
- 바다 : 무의식
- 물고기 : 영혼

① 정방향

- 연인에 대한 호기심과 사랑
- 학문에 몰두하며 집중과 감성을 가진 사람
- 도움이 될 만한 믿음직스런 사람
- 획득과 포획
- 임신가능한
- 소주방 사업 가능
- 획득. 포획, 소주방 사업 가능, 술에 만취
- 화려함으로 주목을 끌려 하는
- 남의 마음을 들여다보다
- 예술계, 디자인 학과나 업체에서 일하면 좋은
- 감성적 애인

- 시간을 가지고 꾸준한 연구와 관심

② 역방향

- 잡은 것을 놓침
- 성벽(Sexual Lust), 술에 만취한
- 일시적인 방해
- 잡은 것을 놓침, 성벽(Sexual Lust)
- 마음을 떠보다
- 질투 유발
- 실현 불가능한 꿈을 품다
- 음주가무가 지나친
- 즉흥적으로 행동하지 말 것

12. Knight of Cups

- 컵 : 치유, 믿음, 프로포즈, 스카우트 제의
- 백마 : 고분고분한 여성, 자동차
- 물고기 : 감성적 쿤달리니
- 강물 : 물, 치유, 평온 상징
- 갑옷 : 보호
- 투구날개: 쿤달리니 각성

① 정방향

- 청혼의
- 초대나 기회가 곧 생기는
- 사람을 끄는 힘
- (특히 남자가 여자에게) 청혼
- 매력 많음, 무의식적인 유혹
- 숨겨진 의도를 가진 응대
- 변덕 내지 변화가능이 있는
- 감성적이지만 숫기없는 남성
- 여성을 배려할 줄 아는, 신사중의 신사
- 현실보다 꿈과 낭만을 중시하는

② 역방향

- 감정적으로 사람을 힘들게 하는
- 교활하고 간사한
- 사기를 칠 법한 사람
- 농간, 속임수, 거짓된 청혼.
- 이별 . 이뤄질 수 없는 사랑으로 우울증에 걸림
- 고백하기엔 용기부족, 쑥맥남
- 사랑은 충만하나 현실적 기반 부족한 배우자

13. Queen of Cups

- 큰 컵: 판도라의 상자, 성배
- 붉은 피: 수술
- 바다 : 무의식, 여성성
- 천사인어 : 남편, 남친
- 조각돌 : 산만한 의식

① 정방향

- 집요한 사랑의
- 헌신적이고 지나치게 감성적인
- 아이(남편, 남친)를 과잉보호
- 사랑에 집요한 성격의 어머니상
- 남성을 애처가로 만드는 여성
- 여류 예술가

② 역방향

- 바르지 못한 사랑에 집요한 여성
- 지나치게 사랑에 집착하는
- 아이(남편, 남친)가 과잉보호에서 벗어나는

- 바르지 못한 사랑(감성)에 집요한 여성상.
- 이상과 현실의 괴리로 좌절
- 사랑에 목매는
- 사랑을 저버리는, 신뢰할 수 없는

14. King of Cups

- 물고기 : 영혼, 감수성, 무의식, 사랑하는 자녀
- 바다 : 무의식
- 베 : 아미니(Anima)
- 컵 : 자비와 사랑
- 홀 : 경각심
- 회색 쿠숀 : 중재, 중화, 경륜
- 회색 발판 : 든든한 경륜과 기반
- 노랑 옷 : 밝음, 명랑, 환함, 총명
- 파랑 옷 : 냉정

① 정방향

- 감성과 경각심을 잘 활용하는 인자한 아버지
- 친절하고 의지할 수 있는 동정심의
- 친절하고 의지할 수 있는 동정심 많은 사람, 감성과 경각심을 잘 활용하는 인자한 아버지상.
- 군림하기보단 세심하게 챙겨주는 리더, 덕장
- 다소 우수에 찬
- 인간 무의식에 대한 깊은 이해가 있는 남자
- 훌륭한 의사, 훌륭한 약사

② 역방향

- 지나치게 감정적인 아버지
- 예술가적 신경과민의
- 음주가무/주색잡기에 빠진
- 지나치게 감정적인 아버지상.
- 추문, 불법, 교활한 사람

1. Ace of Swords

- 왕관: 에고, 명예, 권위
- 왼쪽 올리브잎: 무의식적 평화
- 오른쪽 종려나무잎: 의식적 승리
- 6개의 요드: 충복, 6개의 프로젝트, 6개의 문젯거리
- 구름: 정체불명의, 신원미상의, 알수 없는, 순간적인
- 산: 세상, 세속
- 검: 여성, 남성
- 검을 꽉 잡은 손: 여성을 쥐다. 남성을 쥐다.

① 정방향

- 지성적인 힘
- 결의와 주도권의
- 현실인식을 제대로 할 것
- 세상을 바르게 보고 용기 있게 도전할 것
- 강하게 사랑하거나 증오하는 능력
- 영웅적 기질을 가진 아이의 탄생이 가능하다
- 참피온쉽
- 위대한 활동과 힘의 승리

- 진취적 기상
- 지적할 게 있으면 지적하라
- 끊을 관계 확실히 끊음
- 상황을 직시(바로 봄)하라.
- 이성 . 논리의 상징
- 독설가 기질(부당한 권위에 대한 도전)
- 솔선수범, 기획, 아이디어가 창의적인

② 역방향

- 독불장군의
- 독재적인
- 독선적인
- 에고가 강한
- 검을 땅에 꽂는(패배를 인정하는)
- 정복하지만 그 결과가 재난을 일으키는
- 장애, 방해, 큰 손실, 무익함
- 혼자 생각해서 밀고 나감, 완고, 고집셈, 편견있는, 선입견
- 물상법적으로 의욕상실

2. Two of Swords

- 눈가리개: 마음의 눈을 뜸, 심안으로 본다. 퇴마사
- 두 개의 검: 팽팽한 긴장, 평형적 갈등, 아직 결정내리지 못하는
- 큰 바위섬: 큰 직장, 본사
- 작은 바위섬: 작은 직장, 지사
- 돌의자: 휠체어
- 흰옷 : 병약한
- 달: 음울한
- 바다: 드러나지 않은 사건, 상황

① 정방향

- 마비와 비결정의
- 대등과 평형의
- 주변상황을 인식하지 못하는
- 관계차단과 단절의
- 거리를 두다
- 가만히 있어라(편안하게 지냄)
- 심령적인 부분에 의존하는, 심안으로 보는
- 지나치게 경계하는
- 관계 속의 긴장

- 결정을 내리지 못하는
- 군사적 우정(전우애)
- 잘 발달된 균형감과 리듬(방향감이 필요한)
- (균형과 조화의 올바른 의미) 화합.
- 문제를 눈감고 안보고 있음, 편안하게 지내지 말것
- 두 가지 대립된 문제들과 생각 또는 고민에 대해서 못 본 체 하고 있음.
- 마비, 비결정
- 경계, 휴식
- 상대하지 않는, 인연 거부, 상황인식 안되는, 정체된 협상, 단절의
- 평화적 갈등
- 상황이 안좋아서 쉬고 있는 사람 또는 주변상황을 외면
- 신경 쓰지 말라
- 모르쇠, 배짱부림, 세금 미납자

② 역방향

- 주변상황을 인식하는
- 눈뜨고 일어나서 바로보다
- 오픈마인드의
- 불명예의
- 경계를 풀어라
- (균형과 조화의 잘못된 의미). 경쟁적인 상태. 앉아서 보고만 있지 않고 눈가리개를 풀고 일어남. 경쟁심에서 벗어나라.
- 냉전 상태서 화해의 조짐
- 내면의 기(氣)가 잘 통하지 않음
- (타로카드를 한장이라도 빼놓았는지) 주변을 둘러보라.
- 사람들을 외면하려고 하면 남들이 힘들게 함, 밀어서 넘어 뜨림

3. Three of Swords

• 붉은 하트: 심장, 마음, 마음의 방패, 독설(毒舌), 혀를 막 놀림,

• 구름: 주변 분위기가 심상치 않은, 의사소통에 있어서 방해

• 세 개의 검 : (드러난) 삼각관계, 심장수술, 스트레스, (사주명리학에서 三刑殺), 무술, 검객의 검, 태극권, 태권도장, 武人에게 자주 나오는 카드

• 비 : 비세는 (집), 눈물, 주변환경이 안 좋은, (날씨로는) 폭풍우가 예상되는, 주변이 시끄러운

① 정방향

- 감정적 상처
- 대인관계 파탄의 카드
- 정신적 스트레스로 마음의 상처를 받다
- 이별과 슬픔
- 고민과 문제에 의한 스트레스
- 강한 상처, (직장과 가정에서 또는 연인과의) 대인관계 실패(파탄). 스트레스가 감성을 메마르게 함.
- 의사소통에 있어서 방해

- 마음의 때, 잡념, 번뇌
- 깊은 슬픔에 침식
- 삼각 관계로 문제시됨
- 마음의 방패를 세울 것
- 회색 배경은 우울, 침통: 검은 말이나 생각, 스트레스
- 마음의 상(相)이 뜨다. 허상, 망상 cf. 악마카드는 물질적/욕망적 탐닉, 여기서는 고민과 번뇌로 작용

② 역방향

- 대인관계 실패 위험의
- 상처를 입을 예정의
- 약간의 슬픔이 있다.
- 혼란, 불안함, 상처를 입을 예정, 약한 상처, 대인관계 실패위험. 지성으로 감성 통제하라.
- 상심에서 벗어나기 시작
- 싸움후의 후유증
- 마음 상처뒤 후유증

4. Four of Swords

- 모자이크 속 성모: 스승, 어머니, 만나고 싶은 사람
- 모자이크 속 아기예수: 주인공
- 모자이크 속 벽: 거리의 벽, 마음의 벽
- 걸린 흰색 검: 마음을 비움
- 단상 밑의 노랑색 검: 현실적 마음을 한가지 화두로 들고 있음.
- 누운 주인공: 휴식과 요양

① 정방향

- 기도, 명상, 회복, 칩거의 카드
- 일시적인 중단
- 휴식과 휴양의 카드
- 편안하게 한가지 문제에만 몰두할 것
- 몸의 휴식과 휴양. (수도원이나 절을 찾아가) 기도, 침을 맞아라. 명상, 회복
- 스승이나 엄마나 누군가를 찾기 위해 간절히 기도
- 만나고 있지 못하는 상황, 누군가를 만나고 싶어하나 방해가 있어 못만남
- 네일아트
- 마음이 고요하고 평온

- 은둔자와 비교해서 이 사람은 휴식.기도를 하고 있는 상태
- 마음, 관계를 드러내지 않음

② 역방향

- 기도하면서 활동할 것
- 조신하면서 활동할 것
- 보호받으면서 나아감
- 휴식하면서 마음속으로 기도
- 마음이 안정되어 있지 않은
- 칩거를 끝냄
- 조심스럽게 행동하는
- 걸려있는 검 세 개는 생각 비우기, 아래의 검은 집중해야할 문제의식(화두)

5. Five of Swords

- 비열한 남자의 초록색: 목적 달성, 성장욕구, 저항력, 지구력
- 저 멀리 두 사람의 옷색상이 노랑색 : 지나친 낙관이 실패의 원인, 사기당함, 비통함(Nine of Swords), 배신당함.
- 정방향에서는 주인공이 패배한 사람들, 역방향에서는 교활한 승자
- 멀리 울고 있는 사람: 실연, 돈을 많이 잃을 사람
- 중간 사람: 툴툴 털고 일어난 사람, 일부러 져주는, 중도포기
- 떨어진 두 검: 잃어버린, 실수한 지저 내용, 물질이 일부 상실, 상징치환법으로 보면 놓친 것, 잃은 것, 부하, 물건, 지식, 정보, 돈 등.
- 쥐고 있는 세 검: 쟁취한 내용, 얻은 물질

① 정방향

- 시행착오의
- 패배
- 애인을 빼앗김
- 애인을 빼앗김. 패배, 실연, 확실한 패배나 배신.
- 망신당함, 수치스러움
- 사악한 자의 승리

- 일부러 져줌

② 역방향

- 패배 가능성의
- 배신의 가능성
- 애인을 빼앗음. 상실이나 패배 그리고 배신의 가능성, 나약함
- 수치심에서 벗어나기 시작
- 패배의식
- 손해보는 승리, 잘못된 승리, 헛된 승리, 승리했으나 얼마간 손해를 봄
- 지는 건 지는 것일 뿐이다

6. Six of Swords

- 6개의 검: 공부, 많은 사람들, 지성, (부정적으로 보면) 잔소리, 투정, 할말을 참고 있는(정방향), 할말을 하는(역방향)
- 배: 가정, 가족, 회사, 모임, 조직
- 남자의 옷색과 여자의 옷색이 갈색: 둘 다 마음이 맞음(물질적으로), 같은 팀, 부부사이, 사내커플,
- 격랑: 안좋은 상황임(현재로서는)
- 먼 조용한 바다: 앞으로는 좋아지는 상황
- 짐 또는 자녀: 딸린 식구나 짐
- 갈색 배:현실/세속/물질, (물상법) 카세트 테이프
- 하늘색 바다, 이상적/관념적 무의식
- 영혼의 순례 : 물질적으로 돈을 써가면서 묵묵히 정신세계를 공부해 나감.

① 정방향

- 영혼의 순례 : 영적인 공부를 돈을 써가면서 묵묵히 공부해 나가는 과정
- 갈색 배는 현실/세속/물질적 가정, 하늘색은 이상적/관념적
- 묵언 수행

- 어쩔 수 없는 운명적 여행의
- 불안 뒤의 성공
- 남자의 주도로 일을 함, 남자에게 운명을 맡기는
- 여자는 침묵을 지킴
- 남자에 의한 구혼, 남자의 주도로 일을 행함, 짧거나 긴 해외여행, 이별, 극복, 영혼의 여행. 안 좋은 상황에서 좋은 상황으로 호전.
- 지성이 감성에 압도됨
- 남성이 여성을 이끌 능력 있음
- 재해로 인한 피난
- 묵묵히 배우는 과정
- 순응하는

② 역방향

- 성공 뒤의 불안
- 여자의 주도로 일을 함
- 여자가 할말을 함
- 여행에서 돌아옴, 국내로 돌아옴.
- 좋은 상황에서 안 좋은 상황으로 악화.
- 좋지 못한 방향으로 인도
- 집으로 돌아감
- 남성이 여성을 이끌 능력 없음

7. Seven of Swords

• 들고 가는 검 5개: 악인의 품속으로, 피해자

• 남겨진 검 2개: 선인의 품에, 놓친 물건, 생존자

• 남자 주인공: (때로는) 마구니, 사탄

• 머리 붉은 색 모자: 성욕, 성적 스트레스

• 빨간 장화: 발에 종양

• 발 걸음: 대충대충

• 오른쪽 검은 무리: 어둠의 세력

• 막사: 좋은 사람, 증권투자소, (군대의) PX, 조언받을 곳, 시험장소, 산모실

• 노랑색 배경 : 사기성, 총명함.

① 정방향

• 지적, 저작권 노하우를 훔치다

• 도둑질 카드

• 돈을 빌리다.

• 부분적인 성공

• 소탐대실의

• 돈을 빚지면서 빌리다. 부분적인 성공. 작은 것에 관심을 갖다.

• (산업) 스파이, 정탐

- 술수, 비겁함
- 원칙보단 융통성 발휘해야 함
- 일터에서 일거리 가지고 나옴
- 범죄 소설
- 머리에 스트레스를 받고 서두르는
- 허튼 수작, 반쯤 성공적인 음모
- 거짓말, 속임수로 위기 모면
- 여성이 혼란에 빠질 정도로 어느 남성이 이 여성의 지성에너지를 갖고 도망치다.
- 정보 보안을 철저히 해라
- 부부, 연인간의 문제를 회피

② 역방향

- 상담해주는 사람, 회계사, 컨설턴트
- 투자
- 붙잡힐까 두려워 '더 신중한'
- 너무 정직해서 의심스러운 행동은 성공하지 못함
- 너무 부주의해서 '주의깊은 조언'을 듣지 않음
- 위험회피
- 수치심 때문에 부인, 거부함
- 이전에 기획한 것을 번복함
- 부정직과 기만이 드러남
- 도난당한 물건 되찾음
- 어떤 것을 되찾으러 돌아옴
- 타인을 도우러 되돌아 옴
- 타인에게 조언, 충고
- 잘못된 것을 깨닫기 위해 지난 행동 검토

- 타인을 트레이닝 시킴
- 자신을 위기에 빠뜨림
- (지성에 해당하는 검을 두 개만 얻어 막사에서 상담 받음으로써) 불확실한 상담이나 조언, 투자
- 재치를 부리는 행위가 도리어 발목 잡음
- 일터에 묶여 있음
- 정직해야 함

8. Eight of Swords

- 앞의 물: 미로, 정체, 맴돌이
- 눈을 감싼 천: 생각에 갇혀 있는
- 성: 원군, 도와줄 사람
- 붉은 옷의 여인: 물질적으로 힘들거나 유산이나 낙태 경험
- 검: 스트레스, 험담, 지적인 일, 언어 폭행
- 천으로 묶인 상태: 어쩔 수 없는 상황

① 정방향

- 질병의 (백혈병의)
- 고립의 카드
- 혼란과 어쩔줄 모르는 상태의
- 단단하지는 않지만 묶여있는 상태의
- 지성적 문제로 답답해 있는 상태의
- 질병(백혈구가 적혈구를 공격하는 모양). 혼란, 힘들지는 않지만 앞을 못보고 묶여 있는 상태, 무엇인가 답답한 상태, 고립
- 스트레스 쌓임, 꾹꾹 참고 있다가 스트레스 쌓임
- 여성 뒤의 검은 험담, 스트레스, 지적인 일, 언어 폭행
- 어쩔 수 없는 상황
- 고립무원(孤立無援), 성곽에 있는 원군이 오기를 기다리나 오지

않는

- 누군가의 도움을 필요로하는
- 성적인 욕망으로부터 외로움을 겪는 여성
- 두통

② 역방향

- 홀가분한 상태의
- 과거에 있었던 배반. 지금은 홀가분한 상태
- 신경이 안정되고 마음이 평안한
- 두통에서 벗어남
- 험담을 신경쓰지 않거나 자유롭게 됨

9. Nine of Swords

- 검 9개: 사다리
- 여인의 몸을 지나가는 세 개의 검: 의식적 영향, 고통
- 여인의 몸을 넘어선 여섯 개의 검: 무의식적 영향
- 황토색 벼개: 돈 있는
- 갈색 침대 속 남자: 횡포한 남성, 남편
- 갈색 침대 속 여인: 주인공
- 갈색 침대 속 나무: 재산, 권위, 명예, 지식 소유물(부동산)
- 별자리 담요: 운명애

① 정방향

- 근심과 절망의 카드
- 지금 진행 중인 절망의
- 아픈 정신적 상처지만 회복할 수 있는 정신적 아픔
- 9개의 검중에서 3개의 검만 여성의 머리 뒤편을 지나가고 있음 -> 아픈 정신적 상처지만 회복할 수 있는 정신적 아픔, 근심
- 가정 폭력
- 물상법으로 모텔이나 모텔사업에 자주 나온다.

② 역방향

- 시간이 지나면 치유된다.
- 내일은 또다른 날이다.
- 원망을 풀다.
- 과거에 있었던 상처에 대한 괴로움
- 양심의 가책, 걱정에서 벗어남.
- 과거 상처에 대한 후유증
- 여인의 상처를 뽑아주려고,
- 상처받은이를 위로해주고 치유하기 위해

10. Ten of Swords

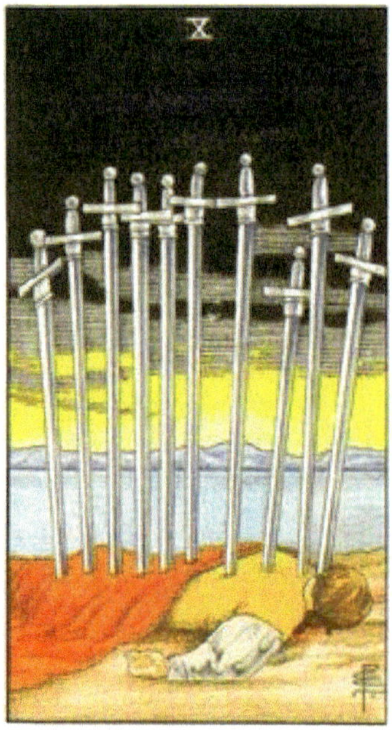

- 열개의 검: 전선, 전봇대
- 노랑색 배경: 하늘돈(좋은 돈) 생길 수 있는, 밝은 전망, 미래는 좋음
- 붉은 색 가운: 돈에 대한 지배력, 물질적 야망
- 갈색 옷: 물질적 욕망
- 검에 찔린 상태: 물질적 욕망때문에 죽음에 이르게 되는, 물질적 실패, 사업부도
- 검의 위치: 척추 수술

① 정방향

- 마지막 고통의, 끝남의 카드
- 당해주어라
- 지성적 비난을 감내할 것
- 마지막 큰 고통을 감내하면 앞으로 좋아질 것이다.
- 지성에너지를 많이 쓰지 말 것
- 남한테 당함. 고통스럽지만 이번이 마지막 고통, 끝나는 고통.
- 고통의 극한을 경험하다.
- 누군가가 내담자에 대해서 고통, 스트레스, 문제들에 대한 반응이 너무 과하다.
- 누군가가 내담자에게 극단적인 보복의 말이나 행동, 스트레스를 주고 있다.

- 내담자가 지나칠 정도로 상대방으로부터 히스테리와 과도한 스트레스를 받고 있다고 지나치게 생각하고 있다.
- 내담자가 자신만큼 고통을 크게 겪는 사람은 없을 것이라고 생각한다.
- Ten of Swords 카드의 배경을 보면 썩 배경이 나쁘지 않은 것으로 봐서 상황이 나쁜 것만은 아님.
- 메일 등 계정 휴면 상태, (사람이) 잠든 상태
- 내담자가 생각하는 것만큼 큰 고통은 아니다.
- 남으로부터 비난을 받아줘라. 말로서 받는 스트레스를 감내하라.
- 정치인들에 대한 국민들의 심판: 여기서 검은 국민의 심판을 의미
- 머리를 너무 써서 에너지가 빠져버림(졸음)
- 물질적으로나 육체적으로나 돈과 체력부족으로 죽어난다.
- 검을 찌르다. 즉, 남에게 비판을 가하다.

② 역방향

- 검을 뽑아주라. 남이 받는 비난을 막아라.
- 검이 뽑힘으로써 고통에서 벗어나게 된다.
- 검이 뽑히므로 결과적으로 앞으로 좋아진다.
- 일시적인 이득
- 일시적인 성공과 유리한 입장의
- 검이 뽑힘을 의미, 일부러 져주라. 지성을 많이 쓰지 말 것, 남들의 지적 비난을 감내 하라.
- 스트레스나 남의 비난과 비방으로부터 벗어난다.
- 상황이 바뀌지만 언제 다시 남의 공격이 계속될지 모르므로 주의하라.
- 슬픔의 고통을 이겨나가면서 정신적으로나 실용적으로나 변화를 도모하라.

11. Page of Swords

- 잘린 검: 정신적 미성숙, 실력부족, 짧은 생각
- 꺾어진 나무: 꺽여진 정신, 정신적으로 힘든 상태
- 많은 새들: 정신적 방황
- 보라색 옷: 영성, 치유가 필요
- 빨강 장화: 활동성, 지배력

① 정방향

- 정신적 스트레스를 받고 있는
- 막연한 상태로 지성을 휘두르다.
- 경계하는
- 미지의 것 또는 명백하지 않은 것들을 인지하고 이해하고 발견하는 능력이 뛰어난 사람
- (이사 등을 가야하는지에 대한 질문에) 경계 하라.
- 막연한 것을 기대하는, 막연히 기대하는, 막연히 검을 허공에 휘두르는 모습. 불명확한 것을 기대하는
- 인지능력, 이해능력이 탁월한 사람. (스트레스가 심해) 정신병적 위험이 있음.
- 기대만 하는

- 알 수 없는 불명확성, 확신 결여, 피곤한, 자신감 결여
- 어리지만 용기가 가상함

② 역방향

- 남의 이름을 사칭하는 자로 밝혀진다.
- 정신질환의 가능성이 높은
- 준비가 부족한
- 정신병이 심한 상태. 정신분열증(정신질환)
- 안절부절못하는, 정신산만한
- 나이도 어리고 용기 없음
- 잘못된 독설

12. Knight of Swords

- 하트: 사랑의 찜
- 백마: 애인
- 두 그루의 나무: 남녀의 모습, 정신이 늘푸른
- 날리는 구름: 두 남녀가 성격이 급하고 빠르다, 두 명의 자녀, 두명의 직원
- 나비: 여자가 변화를 꿈꾸고 아이디어 풍부
- 새: 여자가 말을 잘하고 말이 많은

① 정방향

- 가슴에 슬픔을 간직한 남자이며, 여자는 사랑의 찜을 받음
- 두려움 없이 미지의 것을 향해 성급하게 뛰어드는 것
- 연인의 사랑을 받다.
- 연인(여성)의 사랑을 받다.
- 부당한 힘에 (논리와 이성으로써)대항
- 지성과 논리를 펼쳐 활발히 활동
- 기동부대, 보병부대의 장교(혹은 사관후보생)
- 임전무퇴의 정신 발휘
- 다소 살기를 띰

② 역방향

- 지행일치(知行一致)
- 무능함과 경솔함, 충동적인 실수들
- 연인을 잃다.
- 말을 잘 못타는 사람(무능함, 경솔함), 말을 잘못 다루는 남자(여성에 대한 싸움), 연인을 잃게 되다
- 무식이 용감
- 자질 부족한 장교 혹은 후보생
- 지성으로 남을 공격하지 말아라

13. Queen of Swords

• 팔찌: 윤회의 쳇바퀴, 지루한

• 똑바로 선 검: 단호함, 강직함

• 돌의자의 아이: 남친, 남편, 아들

• 외로운 새 한마디: 이 여자가 과부, 돌싱임을 알 수 있다.

• 큰나무: 정신적 성숙

• 작은 나무: 남편이 있다면 자신보다 무능함

① 정방향

- 슬픔이 있는 여자
- 남편이나 남친을 지성으로 과잉보호
- 남편이나 남친을 자신의 손아귀에 두려고 함
- 남친이나 남편은 다양한 모습을 보일 필요가 있음
- 아이가 없는 부인. 의자에 새겨진 천사는 애인/남편을 상징. 애인은 세 번의 변화를 꿈꾸었음. (손을 내민 것은) 돈을 달라. 검은 스트레스, 생각거리, 여성이 남성을 제압하는.
- (손에 팔찌를 직관리딩하면) 다람쥐 쳇바퀴 도는 듯한 지루한
- 구애를 뿌리침
- 홀로서기

② 역방향

- 배신하는 적
- 심기가 사나운 사람
- 남편이나 남친이 여성의 손아귀에서 벗어남
- (실연 따위로)나약해짐
- 복수심이 있는

14. King of Swords

- 기둥: 하늘의 기운을 받다.
- 나비: 변화를 꿈꾸는, 아이디어 풍부
- 두 마리 새와 반지: 유부남임을 알 수 있다.
- 갈색 옷: 물질적 능력이 조금 있다.
- 기둥에 새겨진 여인: 여인에 대한 몽상
- 기울어진 검: 지적인 힘을 잘못 쓸 수 있으므로 주의

① 정방향

- 외로움을 타는 남성, 전문적인 지성적 남성
- 변화를 꿈꾸고 연인에 대한 사랑에 미련이 있음
- 권위적인, 전문적인 남성, 좀 얼굴이 험상 굳음. 지적 오만.

② 역방향

- 포악한 사람
- 가학적인
- 잔인하고 지성을 마음대로 휘두르는
- 심기가 사나운 사람.
- (검을 막 휘두르는)남자/사람. (가학적인) 새디즘, 고집이 센.
- (자신의 검을 내려놓고) 아랫 사람에게 잘못을 인정

1. Ace of Pentacles

- 펜타클: 큰 돈, 목돈, 큰 믿음, 새로운 물질적 사업시작, 큰 투자, 큰재능, 자본금, 종자돈, 바르는 연고, 지혈제
- 화환: 미래의 번영, 결혼, 해외, 졸업식, 웨딩식, 입학식, 해외출장, 성공축하, 목표점, 최종목적지
- 흰 손: 순수한 원조자
- 흰 구름: 일시의, 순간적인, 갑자기
- 백합: 순수지식

① 정방향

- 목돈, 큰건강의
- 새로운 기술을 배우는
- 일확천금
- 돈을 소중히 여김
- 미래의 번영을 위해 돈 필요
- 돈으로 목표달성
- 프로젝트에 성공하여 재정획득
- 수입원 확보
- 귀중한 돈이나 보물
- 새로운 상황 전개로 돈, 건강, 재능을 얻음, 수입원 확보, 기획한

일에 대해 금전수입.

- 돈을 아껴라. 목돈이 들어옴, 큰건강
- 수단 확보
- 큰 믿음

② 역방향

- 큰 돈을 쓰게 됨(큰 돈이 나감)
- 돈을 쓸데는 써라
- (물상법으로) 발을 쓰기가 불편한, 자동차 바퀴가 망가진, 펑크난,
- 돈을 놓치는, 돈이 빠져나가는, 새나가는
- 낭비된 돈, 돈이 아깝다
- 탐욕과 인색
- 탐욕, 돈을 쓸데는 써라. 낭비(잘못 사용) 되는 부, 가짜 번영과 기쁨이 없는 부(富)
- 새로운 곳에 투자하지 말 것

2. Two of Pentacles

- 뫼비우스 띠: 인쇄소 윤전기, 방앗간,
- 두 개의 펜타클: 양다리, 남자가 두 여인에게 돈을 대줌
- 붉은 모자: 성욕, 성적 스트레스
- 큰 배: 불량스러운 연인
- 작은 배 : 순결한 연인
- 녹색 신발: 성장과 풍요와 평화를 갈망
- 옷의 단추들: 단계를 밟아나갈 것

① 정방향

- 서투름과 당황의 카드
- 낭패
- 양다리 걸침
- 자금회전이 안좋음, 카드 돌려막기
- 고생하면서 돈을 벌다
- 돈을 버는데 생각보다 적게 범
- 인쇄업, 편지, 문학, 메시지
- 낭패, 의심, 스트레스. 지혜, 책, 문서로 돈을 벌다.
- 예상보다 적은 수입. 현재 질문자가 놓여있는 상황이 안 좋음. 미

심쩍은 상황. 당황

- 안 그런척 하나 속으론 감정의 파도 휘몰아침
- 가벼운 연애
- 연애에 있어서 서투른, 애정조절 힘겨운

② 역방향

- 자금회전이 매우 불안함
- 불안의
- 괴로움이 숨어있는 즐거움
- 의심하지 말라. 가장된 즐거움, 문학
- 윤전기, 편지, 책, 문서, 신문, 인쇄소업과 관련있는
- 양다리를 더 이상 유지하지 못함.

3. Three of Pentacles

- 3개의 펜타클: 자궁속 아이
- 수건: 설계도, 월급
- 감청색 남자: 주인공, 고급기술자
- 신부: 관리인
- 여인: 자신을 도와주는(마음에 들어하는) 여인
- 의자 위의 발: 불안한 상태, (묘기를 부리는 듯한) 기술능력
- 주인공의 손에 쥔 물건: 망치, 아령, 운동기구, 운동

① 정방향

- 팀웍의 카드
- 고급기술자(전문가)의 카드
- 프로의식과 마스터(달인)
- 고쳐서 사용할 것(재활용할 것)
- 지하실, 밀실, 하수도 공사
- 훌륭한 기술자(8 오각형보다 더 유능한 기술자), 마스터(달인). 팀웍(Teamwork)
- 건축사, 건축 디자이너
- 순서를 지킬 것
- 여성이 남성을 서빙(봉사)하다. 내조를 잘하다.
- 쌍둥이 딸이나, 세명의 딸, 임신가능

② 역방향

- 팀웍이 깨짐
- 기술의 부족
- 장인 정신 부족, 가짜 기술자. 팀웍이 깨짐
- 팀 멤버가 이탈하는, 회사의 특정 팀이 반항하거나 항거하는
- 순서를 지키지 않고 엉망인
- 여성이 남성을 도와주어야 하는(현재 도와주고 있지 않는)
- 팀원 간에 서먹서먹해져서 거리를 두는
- 기술을 배우기 어려워 중도에 포기할 수 있는
- (긍정적으로 해석할 때는) 협력하지 말 것, 팀원의 도움을 받지 말 것

4. Four of Pentacles

- 달라붙은 네 개의 펜타클: 돈이나 자녀나 애인에 집착
- 머리 위의 펜타클: 직장 상사
- 가슴의 펜타클: 자신의 동료, 선물, 막힘, 체함, 자금회전이 안되는, 자금으로 자신을 보호하는, 집착하는
- 발 아래 펜타클: 부하 2명
- 고동색과 감청색 옷: 몸의 내장, 위장병이 있을 수 있음
- 물상법으로 자건거를 타는 사람

① 정방향

- 비축하는 사람
- 구두쇠, 고리대금업자
- 돈으로 자신의 생명을 지키려는 사람
- 선물을 받다.
- 통합하다. 융합하다. 돈, 노하우, 기술력을 여럿이서 모으거나 하나로 통합하다.
- 재산을 통합하여 하나로 모으다. 공동자금 확보.
- 돈관리를 잘하다.
- 고리 대금업자, 구두쇠, 돈으로 자신의 생명을 지키려는 사람. 돈

이 최고인 사람. 돈 관리

- 감정 표현에 매우 인색, 꽁한 기질
- (선물 등) 베풀지 않으면 토라짐
- 데이트 비용 자기가 안내는 인색한 사람
- 머리위 펜타클은 자신의 상사, 가슴의 펜타클은 자신의 동료, 발밑의 두 펜타클은 부하 2명을 상징하기도 함
- 집중력이 좋은
- 시선을 모으는
- 자금회전을 안 시키는, 융통성이 없는(자기만을 위하는)

② 역방향

- 돈과 인연이 적음
- 돈으로 자신의 생명을 지켜라.
- 낭비하는 사람
- 돈으로 자신의 생명을 지켜라.
- 담아두었던 말을 함
- 선물을 할 것, 자선을 할 것
- 집중력 흐트러짐
- 짧게나마 지켜왔던 신념 무너짐
- 막힌 자금문제(데드락)가 풀림
- 재산을 분할하게 되다. 그리고 남녀가 각각 자신이 나누어 가지고 떠나다.

5. Five of Pentacles

• 성당: 종교

• 거리의 여인: 스토킹 피해 도망, 성당을 외면, 믿음 부족

• 거리의 남자: 스토킹, 노숙자

• 배경: 밤늦은 겨울날 눈이 내림

• 다섯 개의 펜타클: 돈에 대한 신성함, 비타민 모양, 영양제, 링거 주사, 미완성의 재능, 불안정한 자격, 부족한 실력과 기술, 변화가 요구되는 자금과 기술, 지식, 자원, 리소스, 건강, 블로그, 블로그 포스트, 크리스마스 트리, 중간 성적, 중간 확보된 자금, 인시하지 못하는 자신의 능력... 역방향인 경우) 숨거진 능력과 재능

• 물상법으로 커피, 커피숍, 요리점, 역술관, 타로샵, 음식점, 제과점, 빵가게, 식당, 교회, 절, 직업센터, 기술교육장, 은행, 현금지출기, 블로그(포스트),...

① 정방향

• (성당의 돈을 안봄으로써) 몰락과 궁핍

• 가난과 역경의 카드

• 스토킹(남자가 여자를), (스토커에서 벗어나려면 신앙심과 기도가 필요). 여성이 남성에게 물질적으로 이득을 본게 있어 남성이 정신적으

로 피해의식을 뉴리 때 여성을 스토킹함.

- (성스러운 성당을 외면하는) 정부(情婦), 불행한 애인, 역경
- 돈 없어도 가족의 결속이 강함
- 가난한 연인
- 노숙자, 거리의 방랑자
- 돈이 없이 밖을 싸돌아 다니는
- 돈의 신성함을 알 것
- 각박한 사회에서 상심
- 질병(영양부족), AIDS 환자, 영양실조
- 인색한 종교단체
- 5 펜타클이 걸린 창가를 외면하고 걷고 있으므로, 더 이상 5 펜타클에 관심이 없는
- 거리의 불행한 사람에겐 그림의 떡

② 역방향

- 숨겨진 재능을 발견
- 몰락의 극복 하지만 간접 도움만 받는
- 돈의 중요성에 대한 현실 인식
- 가난한 이유를 알게 되고 능력 부족을 알게 되는
- 결혼이나 사랑과 관련된 관심들이 부조화.
- (성당의 돈을 봄으로써) 몰락의 극복
- 돈 문제로 가족의 해체

6. Six of Pentacles

- 가운데 붉은 옷 사람: 재력가, 은행장, 은행원, 큰손, 채권자
- 노란색 옷 사람: 선한 사람, 구제받는 사람, 열정, 실용적, 물질적 복, 발로 뛰는 사람, 선량한 채무자, 부담을 느끼는, 본부인, 본처
- 파란색 옷 사람: 악한 사람, 구제 못 받는 사람, 냉정, 마음씨 안 좋은, 악덕 채무자, 희생된 일(직업), 버려진 여친, 포기한 여친, 더 이상 사귀고 싶지 않은 마음씨 나쁜 여친, 첩
- 녹색 장화: 성공을 위한 노력
- 천칭: 공평, 저울질
- 6개의 펜타클: 생명의 나무에서 티페렛은 배짱을 뜻한다.
- 오른손 수인: 신의 가호, 자비, 베품, 사랑, 자선

① 정방향

- 자선과 나누어줌(보시)
- 물질적인 이득과 선물
- 단계적으로 나누어 줌(한 번에 주지 말 것: 주역의 풍수점 괘와 유사함)
- 베품과 은혜받음의 카드
- 물질적 구제를 받음, 자선

- 사랑을 구걸하는
- 직업으론 은행원, 한의사
- 배짱을 부려라. 돈을 빌리거나 빌려주거나
- 스피릿(Spirit)이 선한 소울(Soul)에 먹이를 주는,
- 양에게는 먹이를 주고 늑대에게는 먹이를 주지 않는
- 쓸모있는 곳에 투자하는(할 것)
- 돈 씀씀이를 꼭 필요한 곳에만 쓸 것
- 골라내는(잘못된 것에서 좋은것만/올바른것만)
- 부담감을 느끼는(구걸, 애걸해야만 하기 때문에)

② 역방향

- 사채업자에게 빚을 지다.
- 도움을 받았는데 꼭 갚아야할 빚
- 돌려받지 못할 대출(남에게 주었는데 돌려받지 못하는): 파란색 악인에게 돈을 빌려주어서 돈을 못 받는
- 이해타산
- 오래사는 비결은 자선이라는 것을 알아야 함
- (상인 입장에서) 탐욕, 오래 사는 비결은 자선, (악인의 입장에서) 시기와 질투, (선인 입장에서) 좋지 못한 빚
- (돈이나 마음 따위)구걸하지 않음
- 돈이 없거나 있어도 베풀지 않는
- 낭비하는, 저축할 것
- 뇌물받음
- 자립 시작
- 결과가 없는, 투자한 것을 얻지 못하는, 쓸데없는데 투자하는
- 그릇된 자비, 베풀지 말아야할 사람이나 인연에 돈을 쓰다.
- 기술력이나 노하우를 함부로 적군에게 노출/누설

- 적군의 요청에 그릇된 자비를 베풀어 자금과 노하우를 손해 보다
- 쓸데없는 곳에 돈을 투자하거나 지출하다.
- 주지 말아야할 사람이나 장소에 노하우와 기술을 전수하거나 투자
- 지나친 배짱(오버)
- 잘해주어야할 사람이나 관심가져야할 물건을 외면(등한시)하고 다른 사람이나 다른 물건에 관심을 가짐
- 집 가격을 너무 비싸게 불러 살 사람이 부담을 느끼는

7. Seven of Pentacles

• 6개의 펜타클: 덤블, 주식, 방학숙제, 과제, 해야할 일, 프로젝트, 사귀었던 과거 애인

• 한 개의 펜타클: 새로운 연인, 해결한 문제, 해낸 수확물

• 갈색 옷과 파란색 옷: 물질적 냉철함

① 정방향

- 진지하게 생각하고 성실히 노력하라.
- 돌다리도 두드리고 건너라.
- 평가와 숙고의 카드
- 현실인식을 현명하게 할 것
- 익은 수확물을 수확하기
- 덤풀은 농작물, 주식, 맥주, 담배, 돈, 책 등을 뜻함
- 돈을 구경만 함. 돈에 대한 근심, 수확하기,
- 현재는 적은 수확이나 차후에는 많은 수확을 거둘 수 있음.
- 진행해왔던 학업, 인간관계를 그만두고 싶어함
- 한개의 펜타클은 1개월 사귄 사람, 6개의 펜타클은 6개월 사귄 사람으로 상징해석 가능

• 6개의 펜타클 더미는 해야할 숙제, 읽어야할 책, 끊어야할 담배중독 등을 상징함

• (과거위치에) 보유한 주식이 있는, (현재 위치에) 보유한 주식을 팔려하는, (미래위치에) 주식을 미래에 팔고(처분하고) 싶은, 미래 가지고 있는 주식이 문제시 되는

② 역방향

• 연구가 더 진행되어야 한다.

• 성급한 행동의

• 경솔한 행동의

• 기다릴 줄 알라. 서두르지 말라.

• 익지도 않은 수확물 수확하기

• 진지하게 생각해 봐라

• (익지도 않은 수확물을 수확)성급함, 돈을 잃음, 벌기는 버는데 원금회수를 못하는 손해보는 투자.

• 진행해왔던 학업, 인간관계를 그만둠

• 불만스러운 일을 해야할 상황, 또는 하고 싶지 않은 일을 해야할 상황

• 프로젝트가 잘 진행되지 않는

• 사재기, 덤핑처리

• 주식을 너무 빨리 팔다.

• 설익은 상태, 아직 친하지 않은 인연, 좀 더 노력이 필요하다.

• 너무 적은 가격으로 집이나 물건을 팔아 손실을 보다

• (과거 위치에) 주식을 급히 처분한, (현재 위치에) 주식을 급히 처분하려고 하는, (미래 위치에) 미래에 주식을 싸게 처분하게 되는

• 침체기(블로그에 글을 올리지 않음으로써)

• 썩어가는 농작물 폐기처분, 재고로 쌓아놓은 아이템 처분

- 읽지 않은 책들 모두 폐기처분
- 쓰레기 처리, 오물처리, 쓰레기를 처분해라.
- 귀찮아서 억지로 함(고달픔)
- 터닝(Turning)해라.
- 욕심을 부리지 말고, 버릴 것은 버려라.
- 직장 6개월 다닌 것을 이제 정리하도록 하라.
- 현재의 직장에 미련을 갖지 말라.
- 옛 직장으로 돌아가라.
- 버릴 사람과 구할 사람을 구별하라.
- 썩은 돈은 받지 말라. 구린돈과 뇌물이나 안좋은 돈을 받지 말라. 검은 돈에 휘말리지 말라.
- 나쁜 사람을 만나지 말라.
- 구할 수 없는 물건(사람)은 포기하라.
- (문제위치에 나오면) 신경을 써야할 문제를 너무 서둘러서 해결하려고 하면 문제.

8. Eight of Pentacles

- 걸어놓은 6개의 펜타클: 자신의 실력을 입증할 상장, 상패, 자격증, 전시효과, 꾸준한 노력, 오른쪽 편에 위치한 타로카드와 벽을 세움
- 망치로 펜타클을 쪼갬: 돈에 대한 압박을 가함
- 발이 붉은 색: 피로감을 느끼는

① 정방향

- 내공(內功)을 쌓음, 축기(蓄氣)
- 축적, 쌓음의 카드
- 견습공의 카드
- 기능직 장인, 반복적인 일을 통해 일을 배우는
- 아마추어지만 인내력있고 일을 많이 하는
- 피로
- 헬스장, 헬스
- 배우는 속도가 빠름
- 일을 많이 함, 피로, (노력으로)일의 완성. (일에)몰두하는 견습생이나 기술자. 기능자, 컴퓨터 프로그래머, 해커
- 부지런히 일하기를 원하는

• 담을 쌓고 있는, 벽을 쌓는

• 상패와 상장을 자랑하는, 자랑할 필요가 있는

• 6번은 그냥 팔고 7번째는 수정해서 팔아라.

• 6만원, 60만원, 600만원, 등등으로 숫자를 정할 것(상황에 따라서는 6이 아닌 8로)

② 역방향

• 인내하지 못하는

• 게으르고 환멸을 느끼는

• 일에 흥미를 잃음. 요행수를 바라는

• 기술부족과 확실치 않은 재능

• 일하는 척만하는 위선과 아첨, 계략

• 기술부족, 확실치 않은 재능, 노력(인내) 결여. 거짓된 장인정신. 일을 제대로 하지 못하는 견습생. 엉터리로 일한 상태.

• 일을 잠시 쉬어라.

• 내공(內功)을 잃다.

9. Nine of Pentacles

● 맹금류: 자신의 남편, 정부, 자신에게 재물을 가져다주고 보호해주는 남자, 친구, 너무 의지해서는 안될 친구(왜냐하면 날아가므로), 자유를 좋아하는 친구

● 포도밭: 재산

● 포도 : 노동의 결실

● 붉은 모자: 우울증

● 붉은 머리 맹금류: 동변상련

● 달팽이: 천천히, 티끌모아 태산

● 6개의 왼쪽 펜타클: 체계적인 수입확보, 자산관리

● 3개의 오른쪽 펜타클: 체계적이지 못한, 벌 때는 벌고 벌지 못할 때는 벌지 못하는

① 정방향

● 약간의 우울증과 정신적 스트레스

● 함께해주는 동료나 대변자가 있다

● 물질적인 복지

● 아름다운 사람

● 성취와 현명함

● 물질적인 복지, 우울증이 있음. (주로 여성이) 말년에 돈복을 누림.

- (앵무새는) 동변상련을 나타냄
- 어울려 놀지 않고 노력으로 외적 성취를 이룸
- 친구들과 같이 (새처럼) 음악과 노래를 즐기면서 우울증을 이겨나 가는
- (달팽이처럼) 천천히 일을 근면성실하게 해서 돈을 축적함
- 고독을 즐김
- 재주는 곰이 부리고 돈은 주인이 챙김

② 역방향

- 폭풍
- 잘못된 믿음
- 귀한 우정이나 귀중품을 잃을 가능성
- 우울증이 심각한
- 귀중품의 도난과 손실 가능성.
- 고독을 싫어함
- 친구 잃고, 돈 잃고, 건강 잃는다.
- 어머니와 자녀(앵무새)가 떨어져 살아야 하는
- 친구(애인)가 배신하는, 친구를 너무 의지하지 말라.
- 역방향이 되므로 새는 철새가 된다. 날아가 버린다. 사라진다.

10. Ten of Pentacles

• 할아버지: 남편, 감시인, 감시하는 사장, 자신들을 도와주는 귀인

• 개: 충성, 충신, 충복

• 돌아선 여인: 주인공 여자(주로), 갈색 빛 옷에 파란색 가운(물질에 대한 냉철함, 현실을 냉철하고도 냉정하게 바라봄)

• 성: 보호, 안식처, 가정, 안정된 직장(회색은 지혜로운 중립성이 요구되는 상황, 우울하고 타협을 해야 할 분위기)

• 실전 사례로, 시어머니는 붉은색 옷, 자신과 남편은 2마리 충견, 할아버지는 자신과 남편을 도와주는 어른, 아이는 시어머니가 데리고 있는 조카, 뒤돌아 있는 여인은 이모부로 상징치환함

• 할아버지의 머리에 천칭 : 할아버지가 귀인으로 공정한 거래를 도맡음

• 붉은 빛의 갈색 옷을 입은 여인은 시어머니로 아들과 며느리에게 재산을 넘겼으나 다시 되찾고자 하는 마음을 나타낸다(가난, 분노가 암시된다)

• 물상법으로 후라이팬, 주역의 천화동인 괘와 유사

① 정방향

- 가정(모임/단체/조직)을 돈보다 우선시
- 가정 > 돈
- 모임의 화목을 위해 돈을 쓰는
- 돈도 생기고 모임도 재미있는
- 부와 유산, 가족내의 일들
- 계모임(연금, 보험)을 가지면 돈도 생김
- 돈<가정 우선시. 가정 화목이 중요. 즐거운 모임 개최. 가정과 상속
- 가족애 내지 가정의 우애와 친목을 위해 만남(돈 생김)
- 3대가 한 집에 살다
- 안정적인 일(공무원, 공기업) 중시
- 넉넉하지만 권태로움을 느낌
- 직장 상사가 직장 부하를 감시하는, 남편이 감시하는
- 여성이 못본척하는
- 여성 주인공은 60%의 지분을, 또다른 여성은 10%의 지분을 그리고 남성은 30%의 지분을 나누어 가짐
- 주식회사 설립
- (부정적 위치에서는) 남의 여자를 엿보다

② 역방향

- 돈을 가정(모임/단체/조직)보다 우선시
- 가정 < 돈
- 모임도 재미없고 돈도 손해
- 모임을 가지면 돈이 나감
- 계모임에서 한사람이 돈을 가지고 튐
- 유산을 잃거나 강도질이나 도박 그리고 위험이 있는
- 가정<돈 우선시. 돈을 쓰면서 모임을 개최. (모임을 통한)손해 가

능성, 돈만 낭비하는 불유쾌한 모임의 가능성.

- 돈때문에 만나는(가족애 내지 가정의 우애가 깨짐, 돈도 나가는)
- 안정적인 집, 직장을 벗어나 모험 감행
- 보안 유지가 실패하여 돈을 낭비하는
- 축적된 오랜 기술력이 해킹당하는
- 기술학원, 컴퓨터 교육학원, 요리학원 등 학원에 사람이 모이지 않는다.
- 기술학원이 안정적으로 유지되지 못한다.
- 기술학원의 노하우가 누출되다. 비밀노하우가 빠져나가다. 학원 조직 멤버들 간에 단합이 안되다.

11. Page of Pentacles

- 펜타클: 여친, 여친을 돈으로 취급, 한약, 재능, 기술, 돈, 펜타클은 주로 여성을 뜻함
- 저 멀리 보이는 파란산: 냉혹한 현실, 세속, 지금 있는 곳을 떠나면 힘듬을 암시
- 나무들: 단합으로 모여사는 사람들
- 주인공 소년: 인턴사원
- 파란색 옷과 벌판: 성장과 초원, 꿈과 치유, 안정과 평화, 평온과 힐링

① 정방향

- 기능, 재능, 기술, 공부에 관심이 있는
- 한의사
- 현실적, 실용적
- 깊은 집중과 전념의 청년/숙녀
- 돈의 청년, 한약기운이 강함
- 폭탄
- 여성을 높이 떠받드는
- 아직 아마추어 한의사, 의사, 재능인, 경영인, 기술자
- 돈벌기에는 부족한, 연애하는 남녀

② 역방향

- 현실인식이 약한
- 실용적이지 못한
- 한약 기운이 약한
- 돈/건강/재능을 놓침, 한약기운이 약함.
- 산만하고 불성실
- 겸손한 자세로 배우지 않음
- 신경쓸 겨를이 없는
- 꾸준하고 지속적이지 못한
- (물상법으로) 포화가 떨어지는, 폭탄이 불발탄...

12. Knight of Pentacles

- 기사: 남자
- 투구 위의 풀과 흑마의 머리 위의 풀: 일심, 한마음, 같은 생각, 동일한 현실적 생각, 한약
- 흑마: 믿음, 비밀, 침묵, 굼뜸, 비밀을 지키는 여자
- 노랑 배경: 명랑, 총명, 현실적 분위기, 실용적 마인드
- 두 그루 나무: 기사와 말의 화합
- 갈색 길: 실용주의 노선, 어느정도 경작이 된
- 갈색 안장 : 현실적, 재정적, 실용적, 물질을 지배하는 힘

① 정방향

- 생각과 행동의 일치
- 몸과 마음의 일치(지행일치)
- 믿음직스러운
- 근면한
- 몸과 마음의 일치, (병을 고치기 위해서는) 돈을 쓰라.
- (진로에 있어)모험보다 안전 추구
- 공기업, 대기업 등 현실적인 진로 혹은 경영대학원 유리
- 외적 조건(스펙)을 중요시함

- 현실적이고 실용적이고 금전적인 남성과 여성(이상적이지 않고 관념적이지 않은)
- 어학 공부, 자격증에 힘을 기울여라
- 배우자 먹여 살릴 능력 있음
- 여성이 침착하고 말수가 적고 비밀을 지킬 줄 아는
- 비밀을 지킬 줄 아는 부하직원이나 참모

② 역방향

- 몸과 마음의 불일치
- 믿음직하지 못한(믿지 못하는)
- 배우자 먹여 살릴 능력 없음
- 공부, 일을 열심히 하지 않음
- 경력관리에 도움이 안 됨
- 너무 모험을 하지 않음
- 외적 조건(스펙)이 전부는 아니다
- 쓸데없이 돈이 나가다. 쓸데없는 곳에 돈을 쓰다. 낭비하다.
- 공중에 돈이 붕 뜨다
- 땅, 물질, 여성이 도와주지 않는
- 그동안 간직했던 비밀이 노출, 누출되다.
- 말이 더 이상 자신을 지켜주거나 보호해 주지 않다. (여친의 배신)
- 남자가 더 이상 말을 돌보지 않다. (남친의 배신)
- 긍정적으로 보면 남자와 여자가 침묵적 관계를 깨고 이제는 활동하고 움직이려고 한다.

13. Queen of Pentacles

- 노랑 왕관: 총명, 명랑
- 들고 있는 펜타클: 돈에 대한 지배력, 돈의 힘, 재력가
- 토끼: 막둥이 자녀, 아이와 관련된, 소아, 보육, 귀염둥이 남편
- 풀밭 : 한의사, 한약관련, 음식관련
- 나체의 여인: 내숭, 속물근성
- 초록 가운: 성장에 대한 마인드, 오랜기간 노력으로 성장을 성취함.

① 정방향

- 버고(Virgo:처녀자리)
- 돈에 현숙한 여성
- 고귀한 영혼
- 내재된(가리워진) 성적 욕망이 있는
- 아동과 관련있는(토끼)
- 돈관리를 잘하는
- 저축을 잘 하는, 저축할 것
- 관대하고 인정이 많은 부자, 고귀한 영혼, 현숙한 여성상. 돈을 잘 다룰 수 있는 여성
- 가만히 앉아 노하우, 자금, 자원, 인력, 맨파워, 리소스 등을 지킬 것. 자신의 가치와 가치관을 져버리는 말 것

② 역방향

- 욕망에 이끌려 돈을 낭비하는
- 돈 관리를 못하다.
- 정원과 동물로부터 멀어지는
- 현숙하지 못한 처사(돌의자 속의 나체여인이 겉으로 모습을 드러냄)
- 저축한 돈 찾게 되는, 적금을 깨는
- 안정된 환경이 허물어지는 (환경에 대한 불만족)
- 지금까지 성취한 것에 대해 자긍심을 가질 것
- 자연물에 대한 감정 정립, 일상적 기쁨, 만족스러운 일
- 일상적 생활 리듬의 깨짐
- 전원주택이 돈을 잃게 만든다.
- 귀농(歸農)하지 말 것
- 시골에서 지내는 것이 편안하지만은 않다.

14. King of Pentacles

• 성곽: 실용주의 전선, 안정, 공무원, 공직, 직장, 조직, 시스템, 안보, 보안

• 홀: 권위, 리더십, 주도권

• 왕관: 명랑, 총명, 신들의 능력, 신기(神氣),

• 황소: 성실, 근면, (4마리는) 안정, 노동력, 인내, 끈기, 부지런함,

• 갑옷: 자신과 가정을 보호, 책임감 있는, 자신을 지키는, 보수적인, 단단한, 결단력 있는, 내면이 강인한

• 포도: 노력의 결실, 노동자의 피, 생명의 에너지, 그리스도의 성심(聖心), 성혈(聖血), 민중의 노동력, 국민의 땀과 눈물 (포도는 피를 상징하고 눈물과 땀을 상징한다.)

• 펜타클 : 피부과, 의식주, 자금, 돈, 금권력, 안보, 보안, 실리, 실용적 내용, 실용적 여자, 음식, 요리, 미용, 화장품, 여성의류, 겨울, ...

① 정방향

- 타우르스(Taurus:황소자리)
- 채식주의, 약초, 농산물, 풀, 음식의 왕
- 풀과 의류로 돈버는 남자

- 경험 많고 성공적인 지도자
- 사업적 성공가
- 돈과 식품의 왕
- 한의사
- 가장으로서 책임감있고 재정적 능력이 있는
- 논리적, 사려 깊고, 방법론적인
- 만나는 모든 사람에게 매우 견고하고 꾸준한
- 투자, 은행, 부동산을 잘 거래하고 취급하는
- 수학, 과학, 비즈니스에서 성취를 얻은
- 돈 많은 부자. 한의사. 약초나 의류로 번 수입이나 직업 종사자. 식료품 업체 사장
- 실세를 자기편으로 끌어들임
- 증권가에서 일하는 사람들에게 주로 나옴

② 역방향

- 돈 뜯는 악덕업자, 노동자의 피와 땀을 악용하는 사장
- 해킹당하는, 보안이 뚫리는
- 피부과 의사가 엉터리, 피부병이 낫지 않는
- (금전적, 자원-Resource, 가치, 자산) 위기
- 돈만 많은 악덕의 남자
- 돈과 명예를 잃는
- 안보와 번영을 추구하지만 열심히 일하지는 않는
- 좋은 것을 원하나 그만큼 노력하지 않는
- 악덕사장, 돈 많은 깡패사장, 돈 뜯는 큰손
- 돌팔이 한의사, 한약을 더 이상 복용하지 말 것
- 고집세고 물질적이고 상황에 따라 움직이려는데 있어 늦은,
- 낭비벽이 있고 문제에 관하여 현명하지 못한 선택을 하는

- 돈과 재정에 대한 속임수가 명백히 드러나는 상황에서 나오는 카드
- 뇌물을 주고 강압하기 쉬운 사람에 대해 나올 수 있는 카드
- 돈만 많은 부자. 늙고 악덕한 남성, 낭비하는 기질.
- 입증 안 된 창업
- 도움이 되지 않는 사람은 사귀지 않음
- 이해타산(실용주의)이 아니면 안 만나거나 일을 하지 않는
- 비밀이 누설되고, 중요 정보가 노출되는
- 건강이 깨지고 안정된 자금이 무너지는
- 더 이상 편안하게 앉아 있지 못하고 안절부절 못하거나 자리에서 일어나야 하는,
- (긍정적으로 보면) 자신의 금권과 자본에 대한 잠재능력을 발휘하기 '시작하는'의 의미를 지닌다.

저자와의
협의하에
인지생략

타로카드 키워드 바이블(개정판)

2016년 5월 19일 1판 1쇄 인쇄
2016년 5월 27일 1판 1쇄 발행

저 자•신영호
발행자•이영애
발행처•공감북스
주 소•02011 서울시 중랑구 중랑천로 256
전 화•02-971-9683
팩 스•02-972-9683
등 록•제 25100-2015-18 호
등록일•2015년 7월 15일
e-mail•sympathybook@naver.com
ISBN •979-11-86898-15-4 (93210)

정 가•25,000원